A VITÓRIA DE ORWELL

A marca FSC é a garantia de que a madeira utilizada na fabricação do papel deste livro provém de florestas de origem controlada e que foram gerenciadas de maneira ambientalmente correta, socialmente justa e economicamente viável.

CHRISTOPHER HITCHENS

A vitória de Orwell

Tradução
Laura Teixeira Motta

Companhia Das Letras

Copyright © 2002 by Christopher Hitchens

Grafia atualizada segundo o Acordo Ortográfico da Língua Portuguesa de 1990, que entrou em vigor no Brasil em 2009.

Título original
Orwell's victory

Capa
Mariana Newlands

Foto de capa
© Bettmann/ Corbis (DC)/ LatinStock

Preparação
Maria Cecília Caropreso

Revisão
Ana Maria Barbosa
Erika Nakahata

Dados Internacionais de Catalogação na Publicação (CIP)
(Câmara Brasileira do Livro, SP, Brasil)

Hitchens, Christopher
    A vitória de Orwell / Christopher Hitchens ; tradução
Laura Teixeira Motta. — São Paulo : Companhia das Letras,
2010.

    Título original : Orwell's victory
    ISBN 978-85-359-1695-9

    1. Orwell, George, 1903-1950 - Crítica e interpretação -
História 2. Orwell, George, 1903-1950 - Influência I. Título.

10-05437   CDD-828.809

Índice para catálogo sistemático:
1. Escritores ingleses : Apreciação crítica 828.809

[2010]
Todos os direitos desta edição reservados à
EDITORA SCHWARCZ LTDA.
Rua Bandeira Paulista 702 cj. 32
04532-002 — São Paulo — SP
Telefone (11) 3707-3500
Fax (11) 3707-3501
www.companhiadasletras.com.br

Dedicado sob permissão:

*A Robert Conquest — antifascista prematuro,
antistalinista prematuro, poeta, mentor
e fundador da "frente unida contra a embromação".*

Mas o gênio, e mesmo o grande talento, provém menos de elementos intelectuais e de afinamento social superiores aos alheios, que da faculdade de os transformar, de os transportar. Para aquecer um líquido com uma lâmpada elétrica, não se deve conseguir a lâmpada mais forte possível, mas uma cuja corrente possa deixar de iluminar, ser desviada e produzir, em vez de luz, calor. Para passear pelos ares, não é necessário ter o automóvel mais possante, mas um automóvel que, deixando de correr por terra e cortando com uma vertical a linha que seguia, seja capaz de converter em força ascensional a sua velocidade horizontal. Assim, os que produzem obras geniais não são aqueles que vivem no meio mais delicado, que têm a conversação mais brilhante, a cultura mais extensa, mas os que tiveram o poder, deixando subitamente de viver para si mesmos, de tornar a sua personalidade igual a um espelho, de tal modo que a sua vida aí se reflita, por mais medíocre que aliás pudesse ser mundanamente e até, em certo sentido, intelectualmente falando, pois o gênio consiste no poder refletor e não na qualidade intrínseca do espetáculo refletido.

Marcel Proust, À sombra das raparigas em flor
Tradução de Mario Quintana

Sumário

Introdução: A figura, 11

1. Orwell e o império, 25
2. Orwell e a esquerda, 44
3. Orwell e a direita, 84
4. Orwell e a América, 106
5. Orwell e a "anglicidade": as antinomias de são Jorge, 116
6. Orwell e as feministas: dificuldades com as mulheres, 140
7. "A lista", 153
8. Generosidade e ira: os romances, 167
9. Desconstruindo os pós-modernistas: Orwell e a transparência, 186
10. Conclusão, 197

Agradecimentos, 203

Introdução: A figura

Moral and mental glaciers melting slightly
Betray the influence of his warm intent.
Because he taught us what the actual meant
The vicious winter grips its prey less tightly.

Not all were grateful for his help, one finds,
For how they hated him, who huddled with
The comfort of a quick remedial myth
Against the cold world and their colder minds.

We die of words. For touchstones he restored
The real person, real event or thing;
— And thus we see not war but suffering
As the conjunction to be most abhorred.

He shared with a great world, for greater ends,
That honesty, a curious cunning virtue

You share with just the few who don't desert you.
A dozen writers, half-a-dozen friends.

A moral genius. And truth-seeking brings
Sometimes a silliness we view askance,
Like Darwin playing his bassoon to plants;
He too had lapses, but he claimed no wings.

While those who drown a truth's empiric part
In dithyramb or dogma turn frenetic;
— Than whom no writer could be less poetic
He left this lesson for all verse, all art.*

Robert Conquest, "George Orwell" (1969)

As estrofes acima foram escritas em um tempo glacial e se referem a um período de frigidez quase polar: a "meia-noite do século" analisada da ótica da Guerra Fria, com a perspectiva adi-

---

* Geleiras morais e mentais com algum derretimento/ Traem a influência de seu ardente intento./ Porque ele nos ensinou o significado do real/ A garra feroz do inverno é menos brutal.// Nem todos agradeceram seu auxílio,/ Foi odiado por quem vivia em idílio/ Com um mito paliativo de conforto apressado/ Contra as mentes frias deste mundo gelado.// Morremos de palavras. Ele restaurou a pessoa, o evento ou a coisa real como pedra fundamental;/ Por isso vemos que é o sofrimento e não a guerra/ A conjunção que mais abominação encerra.// Ele partilhou com o grande mundo, para fins gerais/ Aquela honestidade, curiosa virtude sagaz/ Que partilhamos com os poucos que não nos desamparam/ Um punhado de escritores, alguns amigos raros.// Um gênio moral. E a busca da verdade às vezes traz/ Uma tolice que o riso extravasa,/ Como Darwin ao tocar fagote para vegetais;/ Ele tinha deslizes, mas não se arrogava asas.// Enquanto uns afogam em ditirambo ou dogma frenético/ a parte empírica de uma verdade,/ Nenhum escritor poderia ser menos poético/ do que quem deixou esta lição para toda a poesia, toda a arte. (N. T.)

cional de um "inverno nuclear" nunca remoto o bastante para ser tirado do pensamento. Mas a frialdade da abertura é imediatamente redimida por uma centelha de simpatia, e essa centelha é renovada pelo subsequente fulgor da amizade até insuflar os versos finais com o que é quase fogo.

Se integridade e honestidade são virtudes frias ou quentes, é uma questão em aberto, e a Inglaterra pode ser um lugar úmido para situar a questão. *A fria consciência de uma geração* foi o subtítulo que Jeffrey Meyers deu à sua biografia de Orwell, lançada em 2000, e essa frase foi extraída das mornas páginas do escritor V. S. Pritchett. A obra de Orwell preocupa-se muito com os efeitos desalentadores do ponto de congelamento, e não é totalmente isenta da antiga crença de que um mergulho gelado faz bem. Mas esse indivíduo macilento e arredio teve suas duas epifanias cruciais nos climas tórridos e mormacentos da Birmânia e da Catalunha; e sua obra, de forma clandestina, mais tarde viria a acender uma fagulha nas Sibérias do mundo, aquecendo os corações de tiritantes poloneses e ucranianos e ajudando a derreter o *permafrost* do stalinismo. Se Lênin não houvesse pronunciado a máxima "o coração em fogo e o cérebro no gelo", ela poderia aplicar-se a Orwell, cuja paixão e generosidade rivalizaram apenas com sua seriedade e independência de julgamento.

Sir (título que ele receberia mais tarde) Victor Pritchett foi um dos muitos que configuraram Orwell entre os "santos", ainda que como membro secular dessa comunhão. Novamente somos confrontados com a frugalidade e o espectro da abnegação em vez de com o autor profano e humorístico que disse — referindo-se a Mahatma Gandhi — que os santos sempre devem ser considerados culpados até que se prove sua inocência. Falando de outra celebridade supostamente puritana, Thomas Carlyle escreveu sobre seu Cromwell que precisou arrancá-lo do meio de um monte de cães mortos e carniça antes de poder apresentá-lo como uma figura digna de uma biografia. Esta não é uma biografia, mas às vezes tenho a impressão de que George Orwell precisa ser arrancado de uma pilha de pastilhas de sacarina e lenços umedecidos — um objeto de enjoativa veneração e louvaminhas sentimentais, empregadas para estultificar escolares com uma insuportável retidão e pureza. Tributos assim costumam ser do tipo rochefoucauldiano, sugerindo o acerto de contas do vício com a virtude e também as peças pregadas por uma consciência pesada. (Afinal, é de Pritchett a seguinte crítica barata escrita em 1938 sobre os informes perigosamente verdadeiros que Orwell despachou de Barcelona: "Existem muitos argumentos eloquentes para manter escritores criativos fora da política, e George Orwell é um deles".)

Houve muitos "escritores criativos" de perfil político destacado no período de 1933 a 1949, respectivamente os anos de lançamento de *Na pior em Paris e Londres* e *1984*. Se concordarmos em nos restringir ao mundo anglófono, temos George Bernard Shaw, H. G. Wells, J. B. Priestley e Ernest Hemingway, apenas entre os mais eminentes. E, é claro, houve os poetas — o grupo coligido sob o canhestro nome de "MacSpaunday", representando Louis MacNeice, Stephen Spender, W. H. Auden e Cecil Day Lewis. (Essa palavra-valise omite o nome de seu mentor, Edward Upward, sobre quem Orwell também escreveu.) É razoavelmente seguro dizer, porém, que as declarações políticas desses homens não mereceriam ser reimpressas hoje. Alguns de seus pronunciamentos foram estúpidos ou sinistros, outros apenas tolos, crédulos ou levianos. Em marcante contraste, recentemente revelou-se possível reimprimir cada carta, resenha e ensaio escritos por Orwell sem expô-lo a embaraço de espécie alguma. (Há uma polêmica exceção a esse veredicto, e pretendo examiná-la separadamente.)

Seria demasiado simples dizer que os senhores mencionados acima, juntamente com muitos outros no ramo do mero jornalismo, foram, ao contrário de Orwell, suscetíveis às seduções e tentações do poder. Mas seria correto dizer que eles puderam ter certeza de que veriam seus escritos impressos, enquanto Orwell nunca pôde compor coisa alguma com a mesma confiança de que seria publicada. Assim, a vida de Orwell como escritor foi, em dois importantes sentidos, uma luta constante: primeiro, pelos princípios que ele abraçava e, segundo, pelo direito de depor em favor deles. Orwell parece nunca ter diluído suas opiniões na esperança de ver seu nome difundido entre os clientes pagantes; essa é, em si, uma pista para se compreender por que ele continua relevante.

Entretanto, é batida a imagem do escritor mourejando na água-furtada e vendo o fracasso como sinal de seus elevados princípios, e Orwell satirizou-a com algum detalhamento em seu romance *A flor da Inglaterra*. A importância de Orwell para o século encerrado há pouco e, portanto, seu status como personalidade da história e da literatura derivam da extraordinária proeminência dos temas que ele "enfrentou", manteve e nunca abandonou. Em consequência, comumente usamos o termo "orwelliano" de dois modos. Descrever um estado de coisas como "orwelliano" é aludir a tirania, medo e conformismo esmagadores. Descrever um texto como "orwelliano" é reconhecer que a resistência humana a esses terrores é inextinguível. Nada mau para uma vida curta.

Os três grandes temas do século xx foram imperialismo, fascismo e stalinismo. Seria banal dizer que para nós essas "questões" têm apenas um interesse histórico; elas legaram toda a forma e o tom da nossa era. A maior parte da intelectualidade esteve fatalmente comprometida pela aceitação de uma ou outra dessas estruturas de desumanidade criadas pelo homem, alguns mais do que outros. (Sidney Webb, que escreveu em coautoria com a esposa o famigerado livro *Soviet Russia: A new civilization?* [URSS: uma nova civilização?] e que na segunda edição removeu do título o ponto de interrogação bem a tempo de coincidir com o Grande Expurgo, tornou-se lorde Passfield sob o governo trabalhista de Ramsay MacDonald em 1929 e, assim consagrado, atuou como um secretário colonial excepcionalmente repressivo e pretensioso. George Bernard Shaw conseguiu ser estupidamente leniente com Stálin e Mussolini.)

A decisão de Orwell de repudiar o imperialismo irrefletido que havia sido o ganha-pão de sua família (seu pai fora um executivo do degradante comércio de ópio entre a Índia Britânica e a China) pode ser representada como edipiana pelos críticos que preferem essas linhas de análise. No entanto, foi muito conscienciosa e, para a época, muito avançada. Além disso, matizou tudo o que ele escreveu depois. Não só tem presença marcante em um dos primeiros artigos que ele publicou — uma crítica sobre o modo como as tarifas britânicas estavam tolhendo o desenvolvimento da Birmânia, escrita para o jornal francês *Le Progrès Civique* em 1929 — mas também impregna seu primeiro livro de verdade, *Na pior em Paris e Londres*, e é um tema implícito em sua primeira contribuição para a revista *New Writing*, organizada por John Lehmann. Orwell pode ter ou não sentido culpa pela fonte de renda de sua família — uma imagem recorrente em seu famoso retrato da própria Inglaterra como uma família que mantém uma conspiração de silêncio a respeito de suas finanças —, mas sem dúvida acabou por ver a exploração das colônias como o segredo sujo de todo o esclarecido *establishment* político e cultural britânico. Essa percepção também lhe permitiu notar certos elementos na relação que Nietzsche chamava de "senhor-escravo"; sua ficção manifesta uma contínua consciência dos horrendos prazeres e tentações da subserviência, e muitas de suas cenas mais vívidas teriam sido inconcebíveis sem ela. Nós, que vivemos no cálido arrebol do pós-colonialismo e na complacente avaliação dos estudos pós-coloniais, às vezes esquecemos quanto devemos à pioneira insistência de Orwell.

Mantendo-se fiel ao que ganhara com sua experiência colonial e ao caminho que confirmara durante sua temporada entre os hilotas internos do império (como poderíamos conceber os desvalidos e párias de Paris e Londres na época), Orwell esteve em melhor posição para interpretar visceralmente, e também intelectualmente, os impérios modernistas do nazismo e do stalinismo. Entre muitas outras coisas, das quais uma foi sua solidariedade de conhecedor às vítimas e especialmente às vítimas raciais, ele adquirira sensibilidade para a hipocrisia intelectual e estava bem sintonizado para captar os ruídos invariavelmente arrepiantes que ela emite. Em outras palavras, a experiência já lhe dera o tino para detectar desculpas corruptas ou eufemísticas para o poder imerecido e irrefreado.

Curiosamente, suas diatribes contra o fascismo não estão entre seus textos melhores ou mais lembrados. Ele parece ter partido do pressuposto de que as "teorias" de Hitler, Mussolini e Franco eram a destilação de tudo o que havia de mais odioso e falso na sociedade que ele já conhecia, uma espécie de síntese satânica da arrogância militar, solipsismo racista, opressão escolar e cobiça capitalista. Seu descortino especial foi o frequente conluio da Igreja Católica Romana e dos intelectuais católicos com essa orgia de maldade e estupidez; a isso ele faz repetidas alusões. Neste momento em que escrevo, a Igreja e seus apologistas estão apenas começando sua tardia reparação por esse período.

Voluntário de primeira hora na Espanha, Orwell parece ter considerado axiomático que o fascismo significava e tencionava guerra e que era preciso juntar-se à batalha, a qual devia ser travada o quanto antes e do modo mais decisivo possível. Mas foi enquanto estava ocupado nessa frente que ele adquiriu sua compreensão do comunismo e iniciou sua década de combate com seus partidários. Esta constitui, para a maioria das pessoas hoje vivas, seu legado intelectual e moral. Sem entendermos suas outras razões e motivações, porém, esse legado é indiscutivelmente incompleto.

A primeira coisa que impressiona qualquer estudioso da obra e da vida de Orwell é sua *independência*. Depois de suportar o que muitos chamam de uma educação inglesa "convencional" ("convencional" presumivelmente porque se aplica a uma porcentagem microscópica da população), ele não seguiu o tradicional caminho de uma universidade medieval; escolheu a alternativa, o serviço colonial, mas abandonou-o abruptamente. Dali por diante, ganhou a vida a seu modo e jamais teve de obedecer a patrão algum. Nunca desfrutou de uma renda estável nem jamais pôde contar com a certeza de ver seus textos publicados. Sem saber ao certo se era ou não um romancista, ele contribuiu para a riqueza da ficção inglesa, mas aprendeu a concentrar-se no formato do ensaio. E assim enfrentou as ortodoxias e os despotismos rivais de sua época munido de pouco mais do que uma máquina de escrever gasta e uma personalidade pertinaz.

Impressionante nessa independência foi que ela precisou ser aprendida, adquirida, conquistada. A educação e os instintos proclamavam que Orwell era um tóri nato e até um tanto misantropo. Conor Cruise O'Brien, ele próprio um notável crítico de Orwell, afirmou sobre Edmund Burke que sua força residia em seus conflitos internos:

> As contradições na posição de Burke enriquecem sua eloquência, ampliam seu alcance, aprofundam seu *páthos,* intensificam sua fantasia e possibilitam seu estranho fascínio sobre os "homens de temperamento liberal". Por essa interpretação, parte do segredo de sua capacidade de compreender os processos da revolução [francesa] deriva de uma simpatia reprimida pela revolução, combinada a uma compreensão intuitiva das possibilidades subversivas da propaganda contrarrevolucionária para afetar a ordem es-

tabelecida em sua terra natal [...] para ele as forças da revolução e contrarrevolução existem não só no mundo como um todo, mas dentro dele próprio.

Com Orwell acontece mais ou menos o inverso. Ele teve de reprimir a desconfiança e a aversão que sentia pelos pobres, sua repulsa pelas massas "de cor" que proliferavam no Império, suas suspeitas contra os judeus, sua falta de jeito com as mulheres e seu anti-intelectualismo. Instruiu a si mesmo na teoria e na prática, em um processo às vezes deveras meticuloso, e se tornou um grande humanista. Somente um de seus preconceitos herdados — um estremecimento diante da homossexualidade — parece ter resistido ao esforço autodidata. E mesmo essa "perversão" ele frequentemente representou como um infortúnio ou deformidade resultante de condições artificiais ou cruéis; sua repugnância — quando ele se lembrava de fazer essa falsa distinção — era pelo "pecado" e não pelo "pecador". (Há indícios esparsos de que alguma experiência infeliz da meninice em instituições monásticas britânicas talvez tenha contribuído para isso.)

Assim, o Orwell que alguns consideram tão inglês quanto o rosbife e a cerveja morna nasce em Bengala e publica seus primeiros artigos em francês. O Orwell que sempre desgostou dos escoceses e do culto à Escócia estabelece seu lar nas (reconhecidamente despovoadas) Hébridas e é um dos poucos escritores de sua época a antever a potencial força do nacionalismo escocês. O jovem Orwell que tinha fantasias sobre enterrar uma baioneta nas tripas de um sacerdote birmanês torna-se um paladino da independência da Birmânia. O igualitário e socialista vê simultaneamente a falácia da propriedade estatal e da centralização. O execrador do militarismo torna-se proponente de uma guerra de sobrevivência nacional. O altivo e solitário aluno de internato de elite dorme amontoado com vagabundos e mulheres da vida e força-se a suportar piolhos, penicos e detenções. O extraordinário nessa *nostalgie de la boue* é ser vivenciada com autopercepção humorística e sem nenhum vestígio de abjeção ou mortificação religiosa. O inimigo do jingoísmo e do cristianismo vociferante é autor de textos elegantíssimos sobre poesia patriótica e tradição litúrgica. Essa tensão criativa, combinada a uma duramente conquistada confiança em suas convicções individuais, capacitou Orwell a ser, de maneira rara, premonitório com respeito não só aos "ismos" — imperialismo, fascismo, stalinismo —, mas também a muitos temas e assuntos que nos absorvem hoje. Relendo o conjunto de sua obra e estudando o vasto material recém-coligido no exemplar trabalho do professor Peter Davidson, vi-me na presença de um autor que ainda é vividamente contemporâneo. Alguns exemplos:

seu trabalho sobre a "questão inglesa" e os assuntos afins do nacionalismo regional e integração europeia;

suas ideias sobre a importância da linguagem, que anteciparam boa parte do que hoje debatemos sob as rubricas do *psychobabble* ("psicologuês"), discurso burocrático e "politicamente correto";

seu interesse pela cultura das massas ou popular, e pelo que atualmente se designa como "estudos culturais";

seu fascínio pelo problema da verdade objetiva ou comprovável — um problema central no discurso que hoje ouvimos dos teóricos pós-modernos;

sua influência sobre a ficção posterior, inclusive a chamada "*Angry Young Man*" novel;*

sua preocupação com o meio ambiente e com o que hoje chamamos de "conservacionismo" ou "ecologia";

---

* Romances de um grupo de jovens escritores ingleses dos anos 1950 e 1960 centrados no protesto social. (N. T.)

sua extraordinária consciência dos perigos do "nuclearismo" e do Estado nuclear.

Essa é uma lista parcial, com uma notável lacuna: a relativa indiferença de Orwell à importância dos Estados Unidos como cultura dominante emergente. Mas mesmo nesse campo ele conseguiu registrar algumas percepções e previsões interessantes, e sua obra encontrou imediatamente um público entre os autores e críticos americanos que valorizavam a prosa e a honestidade política inglesa.* Entre eles, salientou-se Lionel Trilling, que fez duas observações de grande acuidade sobre Orwell. A primeira foi que ele era um homem modesto porque, em muitos aspectos, tinha várias razões para sê-lo:

> Se perguntarmos o que ele representa, do que ele é modelo, a resposta será: a virtude de não ser um gênio, de arrostar o mundo com nada mais do que sua inteligência simples, direta, não iludida, e um respeito pelas capacidades que possui e pelo trabalho

---

* E ainda encontra. Logo em seguida ao ataque terrorista de 11 de setembro de 2001 nos Estados Unidos, quando vários intelectuais e pseudointelectuais afetaram uma espécie de neutralidade entre as vítimas de Nova York, Pensilvânia e Washington e os fascistas teocráticos da Al Qaeda e Talibã, um e-mail circulou amplamente com o seguinte trecho do ensaio "Notes on nationalism", escrito por Orwell em maio de 1945:

> Os pacifistas em sua maioria ou pertencem a obscuras seitas religiosas ou são simplesmente humanitários que se opõem a tirar a vida e preferem não raciocinar além desse ponto. Mas existe uma minoria de pacifistas intelectuais cuja motivação real, porém não admitida, parece ser o ódio à democracia ocidental e a admiração pelo totalitarismo. A propaganda pacifista geralmente se resume a dizer que um lado é tão mau quanto o outro, porém, quando examinamos com atenção os escritos dos pacifistas intelectuais mais jovens, constatamos que de modo nenhum eles expressam uma desaprovação imparcial, mas voltam-se quase totalmente contra a Grã-Bretanha e os Estados Unidos [...].

que se propõe a fazer [...]. Ele não é um gênio — que alívio! Que incentivo. Pois ele nos transmite a ideia de que o que ele fez qualquer um de nós poderia fazer.

Essa percepção é de suma importância, também, para explicar o intenso ódio a Orwell ainda encontrado em algumas esferas. Com seu modo de viver e escrever, ele desacreditou a desculpa do "contexto histórico" e o dúbio álibi de que, dadas as circunstâncias, não se poderia ter feito outra coisa. Isso, por sua vez, autoriza a seguinte observação do professor Trilling, quando ele reflete com grande elegância sobre a natureza da integridade pessoal:

> Orwell aferrou-se, com uma espécie de orgulho irônico e rígido, a modos de ser tradicionais da classe que por último dominara a velha ordem. Deve ter se perguntado às vezes por que se pegava elogiando a lealdade, o cavalheirismo, o senso de dever e a coragem física. Parece ter pensado, e muito provavelmente com razão, que essas poderiam ser muito úteis como virtudes revolucionárias [...].

"De frente" — como diz tão memoravelmente o capitão MacWhirr em *Tufão*, de Joseph Conrad —, "sempre de frente — é assim que se atravessa."

"Eu sabia", comentou Orwell em 1946 sobre sua juventude, "que tinha facilidade com as palavras e uma capacidade de enfrentar fatos desagradáveis." Repare que ele não diz habilidade para enfrentar, e sim "capacidade de enfrentar". Singularmente bem expresso. Um comissário que percebe que seu plano quinquenal é inadequado e que o povo o detesta ou ri dele está, pode-se dizer, confrontando um fato desagradável. E o mesmo vale para um padre com "dúvidas". A reação desse tipo de pessoa a fatos desagradáveis raramente é a autocrítica; elas não têm "capacidade de enfrentar". Seu confronto com os fatos assume a forma de evasão; reagem à descoberta desagradável redobrando os esforços para vencer o óbvio. Os "fatos desagradáveis" que Orwell arrostou foram em geral os que puseram em xeque sua posição ou suas preferências.

Embora tenha popularizado e dramatizado o conceito da todo-poderosa teletela e tenha trabalhado por alguns anos no departamento de rádio da BBC, Orwell morreu cedo e pobre, antes que a era da austeridade desse lugar à era das celebridades e dos meios de comunicação de massa. Não temos nenhum registro real de como era recebido o que ele dizia, nem da impressão que ele causaria em um programa de entrevistas na televisão. Provavelmente isso é bom. Suas fotografias mostram um sujeito magricela mas divertido, altivo mas de modo nenhum vaidoso. Na verdade, temos, sim, sua voz e, ao que parece, não chegamos a ponto de podermos afirmar que já não precisamos dela. Quanto a seu "gênio moral" — a expressão de Robert Conquest que, inadvertidamente, contradiz Trilling —, esse pode ou não ser encontrado nos detalhes.

1. Orwell e o império

Já se disse a respeito de George Orwell que, por conviver com os desempregados e os desvalidos da Inglaterra, ele se tornou "nativo em seu próprio país". Esse comentário é ainda mais verdadeiro do que parece, como espero mostrar, mas por ora devemos salientar que a expressão "tornar-se nativo" era originalmente um termo depreciativo para designar os homens brancos que sucumbiam sob pressão. "Nativo" era um termo colonialista para *wogs*, *niggers* ou *gyppos*,* uma generalização preguiçosa de povos subordinados. De vez em quando, algum rapaz despachado para fora de sua terra saía dos eixos e dava de beber, dormir na hora da sesta ou — caso extremo — amasiar-se com alguma moça ou rapaz do lugar. Os oficiais e homens de negócios mais velhos e mais comedidos aprendiam a reconhecer esses sintomas: era parte de seu trabalho.

---

* Designações insultuosas para, respectivamente, pessoas de cor, em especial do Norte da África ou do Oeste e Sul da Ásia, negros e ciganos. (N. T.)

Um antigo adágio radical diz que a vontade de comandar não é tão corruptora quanto a de obedecer. Não sabemos com absoluta certeza o que impeliu Orwell a abandonar a vida de policial da colônia, mas aparentemente alguma versão desse mesmo provérbio ambíguo teve seu papel. A palavra "brutalizar" é mais empregada hoje no sentido de tratamento duro ou cruel dispensado a um fraco por um forte ("o Exército russo brutalizou os chechenos", por exemplo). Na verdade, porém, o termo tem um significado mais sutil: o embrutecimento do forte que exerce a crueldade.

"Em Moulmein, na Baixa Birmânia", escreveu Orwell no início de seu ensaio "O abate de um elefante", "eu era detestado por grande número de pessoas — a única vez na vida em que fui importante o suficiente para isso acontecer comigo. Eu era policial de subdivisão da cidade [...]." É uma interessante coincidência que Moulmein apareça na primeira linha do esplêndido e disparatado poema "Mandalay", de Rudyard Kipling, sobre a nostalgia imperial ("By the old Moulmein Pagoda, lookin' eastward to the sea,/ There's a Burma girl a-setting, an' I know she thinks o' me").* Mas nada havia de romântico na descrição do lugar feita por Orwell; claramente, em algum nível ele receava que a vivência como policial o transformasse em um sádico ou em um autômato. Em "Um enforcamento", ele descreve a medonha futilidade de uma execução e a falsa jocosidade do humor do patíbulo; sua honestidade forçou-o a confessar que ele participara dos risos vazios. Em "O abate de um elefante", ele esboça o lado sórdido da mentalidade colonial:

---

* "No velho Pagode de Moulmein, olhando a leste o mar,/ Há uma moça birmanesa sentada, e sei que ela pensa em mim". (N. T.)

[...] eu já tinha concluído que o imperialismo era algo maligno e que quanto antes eu renunciasse ao emprego e saísse dali, tanto melhor. Na teoria — e, claro, no íntimo — eu era a favor dos birmaneses e contra os opressores, os britânicos. Quanto ao trabalho, eu o detestava mais profundamente do que talvez seja capaz de expressar. Em um emprego como aquele vê-se de perto o trabalho sujo do império. Os infelizes que se comprimiam nas fétidas celas das prisões, os rostos pardos e assustados dos condenados a longo prazo, os traseiros marcados com cicatrizes dos homens açoitados com bambu — tudo isso me oprimia com uma sensação de culpa insuportável.*

Essa animosidade e confusão em seu íntimo não se traduziam de modo algum em simpatia pelos "nativos", e quando eram sentidas com suficiente intensidade transformavam o trabalho de Orwell em uma tortura; é no mínimo perdoável especular que ele talvez tenha deixado o serviço tão abruptamente por medo de acabar se acostumando demais com a contradição. Em seu romance posterior, *Dias na Birmânia*, o protagonista, Flory (que antecipa em alguns anos o escaldante cosmos da república de banana de Graham Greene), é compelido a viver em "um mundo sem ar, estupidificante. Um mundo em que cada palavra, cada ideia, é censurada [...] a liberdade de expressão é impensável [...] o esforço para manter sua revolta em silêncio acaba por envenená-lo como uma doença secreta". Deve ser óbvio que essa

---

* Nas citações de livros de Orwell publicados pela Companhia das Letras foram usadas as seguintes traduções: *Dentro da baleia e outros ensaios*, tradução de José Antonio Arantes; *1984*, tradução de Alexandre Hübner e Heloisa Jahn; *A flor da Inglaterra* e *Dias na Birmânia*, tradução de Sergio Flaksman; *Na pior em Paris e Londres*, tradução de Pedro Maia Soares; *A revolução dos bichos*, tradução de Heitor Aquino Ferreira; *O caminho para Wigan Pier*, tradução de Isa Mara Lando. (N. T.)

é uma forte prefiguração da mentalidade de Winston Smith em *1984*; e fica provado que não se trata de exagero nas memórias do amigo e contemporâneo de Orwell Christopher Hollis, que o visitou na Birmânia em 1925 e o pegou declamando chavões sobre lei e ordem: "Ele se esforçava para ser o policial do império, explicava que essas teorias sobre punição sem castigo físico até podiam dar certo nas escolas de elite, mas que com os birmaneses não funcionavam [...]".

Quatro anos depois, o jornal *Le Progrès Civique* de Paris publicou um ensaio em francês de um certo "E. A. Blair" intitulado "Comment on exploite un peuple: l'Empire Britannique en Birmanie" [Como se explora um povo: o Império Britânico na Birmânia]. É justo qualificar esse artigo de bem-acabado; ele começa com uma cuidadosa descrição da topografia e da demografia do país, passando então a um meticuloso exame do modo como o poder colonial despoja os birmaneses de seus recursos naturais e dos frutos de seu trabalho. Em todas as características essenciais, é um estudo sobre o subdesenvolvimento deliberado e os meios pelos quais as matérias-primas são usadas para financiar o progresso industrial de outro país. Mas também se pode notar a emergência de outra alegoria: o interesse profundo e pesaroso do autor pela passividade e docilidade das vítimas, que pouco ou nada sabem do grande mundo mercantil do qual seu povo está sendo excluído.

Esse artigo foi o último de uma série de textos encomendados pela imprensa radical parisiense escritos por "E. A. Blair" — nome pelo qual ele era conhecido em Eton e na polícia birmanesa, e que só seria trocado por Orwell em 1933, com a publicação de *Na pior em Paris e Londres*. O primeiro desses ensaios foi uma análise da censura na Inglaterra, publicado no semanário *Monde*, de Henri Barbusse, uma espécie de publicação da frente cultural-literária do Partido Comunista Francês. O artigo também trazia um estudo minucioso de uma questão específica imbuída de sugestões interessantes na esfera psíquica. As autoridades britânicas, escreveu "E. A. Blair", não eram exatamente censuradoras, e sim puritanas, e só sentiram a necessidade de censurar com o advento da ética protestante e capitalista. Esse era um argumento bem comum mesmo para a época, mas ainda assim pressagiou um interesse vitalício pelas relações entre poder e repressão sexual (um tema não ausente das suarentas reflexões de Flory em *Dias na Birmânia*).

Nunca se ressaltou que os diários de Orwell nos tempos de miséria, suas narrativas sobre lavar pratos em Paris, colher lúpulo e perambular pela Inglaterra também mostram sensibilidade para o que se poderia chamar de "questão nativa". Argelinos, marroquinos e outros personagens franco-africanos são um elemento marcante em suas descrições dos parisienses destituídos, enquanto na Inglaterra, vagueando entre Wapping e Whitechapel, o autor observou: "As mulheres do leste de Londres são bonitas (é a mistura de sangue, talvez), e Limehouse estava cheia de orientais — chineses, lascares de Chittagong [Bangladesh], dravidianos vendendo lenços de seda, até alguns siques, Deus sabe como". Não era qualquer escritor *freelance* inglês de 28 anos que tinha capacidade para discernir um dravidiano de um sique, muito menos dizer o nome do porto natal dos lascares.

Em maio de 1936, Orwell escreveu a seu agente, Leonard Moore, para tratar, entre outras coisas, de uma proposta de um produtor americano para uma versão dramatizada de *Dias na Birmânia*. "Se esse projeto vingar", comentou, "eu sugeriria o título 'O fardo do homem negro'." Não sei se essa foi a primeira versão de uma piada sobre Kipling contada muitas vezes desde então — mais recentemente nas esplêndidas histórias de Basil Davidson sobre a África pré-colonial —, mas ela exemplifica a ambivalência de Orwell em relação ao poeta e sua ausência de ambivalência em relação ao tema — um indício de sua eterna recusa a julgar literatura segundo critérios políticos.*

Parece não haver dúvida de que esse descortino da mentalidade colonial alicerçou a aversão de Orwell pelo sistema de classes na Inglaterra e também pelo fascismo, que ele considerava uma forma extrema de domínio de classe (e que no entanto, paradoxalmente, se expressava através de uma ideologia socialista). Em 1940, ele começou um ensaio recordando um incidente de odiosa brutalidade que presenciara na baía de Colombo em seu primeiro dia na Ásia. Um policial branco desferira um chute feroz em um cule, provocando generalizados murmúrios de aprovação dos passageiros britânicos que viram a cena:

> Isso foi há quase vinte anos. Será que ainda acontecem coisas desse tipo na Índia? Eu diria que sim, provavelmente, mas que vêm acontecendo cada vez menos amiúde. Por outro lado, é toleravelmente certo que neste momento um alemão, em algum lugar, está chutando um polonês. É praticamente certo que um alemão, em algum lugar, está chutando um judeu. E também é certo (*vide* os jornais alemães) que agricultores alemães estão sendo condenados à prisão por demonstrar "bondade censurável" com os prisioneiros poloneses que trabalham para eles. Pois a sinistra tendência dos últimos vinte anos é a disseminação do racialismo pelo solo da própria Europa [...] o racialismo é algo totalmente diferente. É invenção não de nações conquistadas, mas de nações conquistadoras. É um modo de levar a exploração além do ponto normalmente possível, fingindo que os explorados *não são seres humanos.*

---

* Em fevereiro de 1899 Rudyard Kipling escreveu um poema intitulado "The white man's burden: the United States and the Philippine islands" [O fardo do homem branco: os Estados Unidos e as ilhas Filipinas], exortando os Estados Unidos a seguir o exemplo da Grã-Bretanha e de outros países e assumir o "fardo" do império. (N. T.)

Quase todas as aristocracias com verdadeiro poder dependem de diferenças raciais: normandos predominam sobre saxões, germânicos sobre eslavos, ingleses sobre irlandeses, brancos sobre negros etc. Em nossa língua inglesa, há indícios até hoje da predominância normanda. E para o aristocrata é muito mais fácil ser impiedoso se ele imaginar que o servo é diferente dele em carne e osso. Daí vem a tendência de exagerar as diferenças raciais, as atuais bobagens sobre forma do crânio, cor dos olhos, contagem de glóbulos sanguíneos e coisas do gênero. Na Birmânia ouvi teorias raciais que eram menos brutais que as teorias de Hitler sobre os judeus, mas certamente não menos idiotas.

Algum tempo atrás, li ensaios do saudoso C. Vann Woodward, o grande acadêmico americano cronista do Velho Sul. Investigando os paralelos entre a escravidão americana e a servidão russa, ele constatou, sem grande surpresa, que os aristocratas russos acalentavam a ideia de que os servos eram criaturas pertencentes a uma ordem inferior. (Acreditava-se, por exemplo, que seus ossos eram pretos...)

Durante esse período, Orwell acompanhou com grande atenção os acontecimentos no Norte da África, torcendo para que os governos britânico e francês tivessem visão suficiente para intervir no Marrocos espanhol e ajudassem a estabelecer ali um governo independente de oposição a Franco, chefiado por republicanos espanhóis exilados. Em uma forma adaptada em certo grau às condições dos tempos de guerra, essa fora a fórmula proposta pelos revolucionários espanhóis de esquerda durante a Guerra Civil. Em princípio eles preconizavam a independência marroquina, mas achavam também que, como a rebelião militar-fascista de Franco fora originalmente desencadeada no Marrocos, tal política tinha boas chances de atacá-lo pela retaguarda. A esquerda oficial, especialmente os stalinistas, opusera-se a essa estratégia porque supunha que ela poderia contrariar as autoridades britânicas e francesas que tinham interesses em suas próprias áreas norte-africanas. Não satisfeita com essa postura pusilânime, também fizera propaganda chauvinista contra os bárbaros "mouros" que combatiam como recrutas na cruzada franquista encabeçada pelos católicos. Embora fossem atribuídas muitas atrocidades aos mouros e os republicanos julgassem importantíssimo não cair prisioneiro deles, não há nos escritos de Orwell nenhum sinal de atitudes xenofóbicas ou — como hoje empregaríamos o termo — racistas em relação ao súditos coloniais da Espanha. (Aliás, ele passou uma ou duas temporadas compondo um romance no Marrocos pouco antes do início da Segunda Guerra Mundial e escreveu um diário que revela forte empatia com os residentes, inclusive judeus e berberes.)

Sua arraigada oposição ao imperialismo é um tema forte e coerente em tudo o que ele escreveu. Podia assumir formas contraditórias — ele apreciava o verso de Kipling que falava sobre "zombar dos uniformes que o guardam enquanto você dorme", palavras que a seu ver captavam a hipocrisia de boa parte do liberalismo bem nutrido —, mas, de modo geral, asseverava que toda "extorsão" colonial promovia a corrupção dos britânicos e a degradação dos colonizados. Mesmo durante os anos da Segunda Guerra Mundial, quando predominava a mentalidade do "não entornemos o caldo" e era forte a pressão para cerrar fileiras contra o inimigo comum, Orwell sustentou a opinião de que a guerra devia envolver a descolonização. A série de panfletos "Searchlight", da qual ele foi um dos fundadores, inclui (no ensaio "O leão e o unicórnio") sua exigência de que a Índia fosse promovida de colônia a aliada plena e independente, e também sua apresentação do livreto *African freedom*, de Joyce Cary. Em seu trabalho no Serviço Indiano da BBC, onde ele se empenhava, em suas palavras, para manter limpo o "nosso cantinho" das ondas radiofônicas, labutou ao lado de defensores declarados da independência, inclusive comunistas e nacionalistas.

Na verdade, ele fez muito mais do que manter limpo o seu cantinho. Sua revista radiofônica *Voice* era um diário despretensioso e de alta qualidade sobre literatura e ideias, com uma audiência cativa de indianos instruídos, sintonizados com a obra e os tons de E. M. Forster, T. S. Eliot, Stephen Spender, William Empson e Herbert Read. Em uma série de comentários sobre a guerra, Orwell ressaltou as "frentes" esquecidas que davam um alcance mundial ao conflito: os movimentos colonialistas e anticolonialistas na Abissínia, Timor, Madagascar, Java, Marrocos e outros territórios onde a afirmação dos Aliados de que estavam do lado da liberdade era posta à prova. Quando foi convidado a fazer programas radiofônicos para a Índia usando seu próprio nome por causa de sua excelente reputação no subcontinente, ele respondeu que só o faria se suas opiniões anti-imperialistas pudessem ser expressas sem eufemismos. Em sua correspondência criticou repetidamente a falta de coragem e de princípios do governo britânico na questão central do autogoverno indiano, argumentando incessantemente que a independência era desejável em si mesma, além de ser uma manobra tática sensata diante da agressão japonesa. Orwell recorreu a seus conhecimentos de algumas línguas asiáticas para manter-se a par dos acontecimentos em sua querida Birmânia.

Em 1938, sem seu conhecimento, ele fora "vetado" pelo India Office.* Um editor liberal na Índia queria contratá-lo como redator editorial do jornal *Pioneer*, da cidade de Lucknow, e escrevera às autoridades em Londres pedindo conselho. Recebeu

---

* Departamento do governo britânico responsável pela administração direta da Índia. (N. T.)

em troca uma obra-prima de elegância burocrática, composta por A. H. Joyce, diretor de informação do India Office:

> A meu ver não há dúvida quanto à sua capacidade como escritor-líder, embora eu ache aconselhável estar preparado, em vista do que avalio como uma postura não apenas decididamente esquerdista, mas provavelmente extremista, aliada a uma inegável força de caráter, para dificuldades quando houver conflito de opiniões [...].

Esse tributo à "capacidade de enfrentar" de Orwell só foi liberado para consulta pelo Ministério das Relações Exteriores britânico em 1980; ainda há uma seção confidencial do dossiê feito sobre ele. E foi o mesmo A. H. Joyce quem ajudou a supervisionar as transmissões da Índia na Seção do Império da bbc. Boa parte do tempo de Orwell era gasta contornando a vigilância e a interferência. A certa altura, ele foi compelido a aconselhar E. M. Forster a não mencionar a obra de K. S. Shelvankar, cujo livro fora proibido na Índia. Contudo, não muitos meses depois, vemos Orwell escrevendo pessoalmente a Shelvankar para pedir-lhe que participasse, sem pseudônimo, de programas de rádio sobre a história do fascismo. Um colega birmanês (de Moulmein) chamado M. Myat Tun foi severamente repreendido por Joyce por um pronunciamento no rádio intitulado "O que o sindicalismo significa para o trabalhador"; a irritada comunicação de Joyce sobre esse pronunciamento sugere que ele suspeitava de que Orwell houvesse sido o autor da travessura.

Parece não haver dúvida de que Orwell serviu-se de suas experiências na bbc ao escrever *1984*. A sala onde aconteciam as reuniões editoriais dos Eastern Services da bbc era a Sala 101 na sede de Portland Place, que foi um dos modelos arquitetônicos para o "Ministério da Verdade" (Miniver). Além disso, o conceito do duplipensamento e a descrição de mudanças vertiginosas na linha política claramente devem alguma coisa à experiência cotidiana de Orwell com a propaganda. Em agosto de 1942, logo depois que os britânicos detiveram os líderes do Partido do Congresso, ele escreveu em seu diário:

> Horrabin estava fazendo um programa hoje e, como sempre, nós o apresentamos como o homem que desenhou os mapas para *Outline of history*, de Wells [*História universal*, em tradução de Portugal], e *Glimpses of world history*, de Nehru. Isso fora trabalhado com muitos *trailers* e anúncios prévios, pois a associação de Horrabin com Nehru naturalmente era um chamariz para a Índia. Hoje a referência a Nehru foi cortada do anúncio — N. está na prisão e portanto tornou-se um Mau.

Orwell frequentemente se referia aos pronunciamentos radiofônicos de Churchill, dividido entre uma admiração por eles e uma resistência a seu tom às vezes bombástico. Talvez achasse graça se descobrisse o que só viria a ser revelado em fins dos anos 1970: muitos desses exemplos da retórica do "seu melhor momento" foram gravados e proferidos por Norman Shelley, um ator do programa de rádio *Children's hour* com talento para a imitação, que usava um dos menores estúdios na sede de Portland Place. A voz do Líder era transmitida para as massas por um ventríloquo...

Uma anotação anterior no diário, ostensivamente apolítica, também trará certa lembrança aos leitores de *1984*:

> O único momento em que se ouve gente cantando na BBC é de manhã cedo, entre seis e oito horas. É quando as faxineiras estão trabalhando. Um exército delas chega ao mesmo tempo. Sentam-se no saguão da recepção à espera de que lhes entreguem suas vassouras e fazem uma barulheira digna de um viveiro de papagaios;

depois, em um coro maravilhoso, todas cantam juntas enquanto varrem os corredores. O lugar tem então uma atmosfera muito diferente da que tem nas demais horas do dia.

Eis o conceito da mulher "proleta", maternal, eterna e sofrida, capaz de sobreviver a todos os ditames do Partido (ou ignorá-los).

A veia irônica de Orwell não o abandonou e nem sempre se voltou contra seus maçantes senhores políticos. Em abril de 1942 — enquanto era oficialmente um "Bom" —, Nehru fez um discurso ao povo indiano e adaptou o poema de Kipling "For all we have and are", escrito em 1914. Como disse Orwell no diário: "Do discurso de Nehru hoje: 'Quem morre se a Índia vive?'. Quanto os *pinks* ficariam sensibilizados — será que dariam um risinho sarcástico se fosse 'Quem morre se a Inglaterra vive?'". De fato, ao contrário de alguns *"pinks"*,* Orwell nunca romantizou as vítimas do colonialismo e frequentemente se irritava com o egocentrismo e o sectarismo de certos ativistas indianos. Quando instruía ou aconselhava alguns de seus colegas asiáticos, tinha o cuidado de recomendar que não desconsiderassem as atribulações dos judeus em suas transmissões radiofônicas para a Ásia. Embora jamais fosse um entusiasta do sionismo, fazia questão de repudiar as afirmações alemãs e japonesas de que a tentativa de salvar os judeus da Europa não passava de um plano para colonizar a Palestina. Tanto quanto possível no clima de patriotismo patrocinado pelo Estado, ele insistia em uma postura internacionalista.

Em Paris, como correspondente no fim da guerra, continuou a ressaltar o que se poderia chamar de dimensão de "Terceiro Mundo" da luta contra o fascismo. Louvava a política editorial do jornal parisiense *Libertés*, um equivalente socialista-esquerdis-

---

* O termo *pinks* (rosados) designa pejorativamente os esquerdistas moderados (em contraste com *reds* [vermelhos]). (N. T.)

ta do *Tribune*, que seguia uma linha ferrenhamente anticolonialista e foi um dos poucos a perceber a importância da tentativa do general De Gaulle de restaurar o domínio francês na Indochina. Comentando esse assunto em um comunicado para o *Observer*, ele escreveu:

> Exceto quando acontece algo violento, os territórios ultramarinos franceses dificilmente ganham espaço na imprensa francesa. Só mergulhando em publicações muito obscuras pode-se ficar sabendo, por exemplo, que na Argélia e no Marrocos o aparato de Vichy ainda funciona em boa medida e que a imprensa socialista e comunista local está lutando para sobreviver contra jornais de tendências reacionárias generosamente subsidiados [...]. É curioso que por aqui se tenha bem pouca noção da dependência estratégica do império francês em relação a outras potências. Grandes porções dele seriam praticamente indefensáveis sem a ajuda americana ou britânica, e a Indochina em particular tem pouquíssima probabilidade de permanecer em posse da França sem que a China também concorde.

Essas breves linhas poderiam servir de introdução ao que mais tarde o mundo todo viria a conhecer como a Guerra do Vietnã; em menos de uma década o papel militar da França no Vietnã e no Camboja foi suplantado pelo dos Estados Unidos, e a China comunista foi cossignatária dos Acordos de Genebra que dividiram temporariamente o Vietnã em do Norte e do Sul. O clima dessa transição sub-reptícia da Indochina Francesa para a americanização seria bem captado, anos depois, por Graham Greene em seu romance *O americano tranquilo*. (Orwell dera um alerta a Greene na revista *New Yorker* em 1948, em resenha de *The heart of the matter* [*O cerne da questão*]. Considerando o major Scobie um personagem implausível do ponto de vista teológico e matrimonial, ele concluiu com arrebatamento: "E poderíamos acrescentar que, se ele fosse o tipo de homem como nos é descrito — isto é, um homem cuja principal característica é o horror a causar dor —, não seria oficial da polícia colonial". Os dias na Birmânia permaneceram com ele até o fim.)

Mary McCarthy, grande admiradora de Orwell, confessou em seu livro *The writing on the wall* que sempre tivera intimamente um temor. O inflexível anticomunismo de Orwell, ela suspeitava, teria impedido que ele se juntasse a ela na oposição à guerra americana no Vietnã. (Em entrevistas na época, Noam Chomsky e Norman Mailer apontaram Orwell como autoridade para a postura antiguerra que eles defendiam ativamente.) Certa vez tive a honra de explicar à sra. McCarthy por que eu achava que eles estavam certos e ela errada nessa questão; os dados disponíveis evidenciam que Orwell preconizava a descolonização incondicional e via com clareza o papel de império sucessor que os Estados Unidos ambicionavam desempenhar. Dúvidas remanescentes a esse respeito são dirimidas também por uma carta que ele escreveu à duquesa de Atholl em novembro de 1945. Ela o convidara para discursar no palanque da Liga pela Liberdade Europeia, em um ato de protesto contra a brutalidade comunista na Iugoslávia. Ele respondeu:

> Certamente o que é dito em seu palanque é mais verdadeiro que a propaganda mentirosa vista na maior parte da imprensa, porém não posso associar-me a um grupo essencialmente conservador que declara defender a democracia na Europa mas não tem nada a dizer sobre o imperialismo britânico. Parece-me que só pode censurar os crimes hoje cometidos na Polônia, Iugoslávia etc. quem demonstrar igual empenho pelo fim do indesejado domínio britânico na Índia. Pertenço à esquerda e devo atuar dentro dela, por mais que deteste o totalitarismo russo e sua influência venenosa neste país.

Talvez, para começar, a duquesa tenha sido ingênua em escrever a Orwell; ele já havia escrito uma devastadora descrição de uma assembleia de sua Liga para o jornal *Tribune*, na qual lembrou aos leitores o papel anterior da duquesa como animada simpatizante dos comunistas na Espanha:

> Faz apenas sete anos que a duquesa — a "Duquesa Vermelha", como era afetuosamente apelidada — era a queridinha do *Daily Worker* e emprestava o considerável peso de sua autoridade a toda mentira que os comunistas por acaso estivessem dizendo no momento. Agora ela está lutando contra o monstro que ajudou a criar. Tenho certeza de que nem ela nem seus ex-amigos comunistas veem nisso alguma lição.

Seja como for, ela se mostrou ainda mais ingênua quando lhe escreveu em resposta. Referindo-se ao que ele dissera a respeito da Índia, ela fez uma preleção: "Assim como acho que crianças e jovens não estão prontos para participar de um governo autônomo, também na minha opinião temos de reconhecer que existem raças no império mais jovens do que nós nesses assuntos e, portanto, devem ser conduzidas gradualmente pelo caminho que leva ao autogoverno". O conceito de infância racial fora, obviamente, expresso de maneira mais eloquente por Kipling em "O fardo do homem branco", onde se dizia:

Seus taciturnos povos recém-cativados
*Misto de demônio e criança**

---

* No original: "Your new-caught, sullen peoples,/ Half devil and half child". (N. T.)

Sempre é bom lembrar por quanto tempo essa atitude persistiu entre os britânicos, quanto Orwell lutou contra ela e quanto ele aprendeu com isso.

Mais ou menos um ano depois, em 1947, ele escreveu no *Tribune* uma crítica indignada sobre um exemplo de populismo ignorante publicado no *Daily Herald*:

> O *Daily Herald* de 1º de janeiro de 1947 traz a manchete HOMENS QUE FALARAM POR HITLER AQUI, e embaixo uma fotografia de dois indianos, apresentando-os como Brijlal Mukerjee e Anjit Singh e dizendo que provêm "de Berlim". A matéria abaixo da foto afirma que "quatro indianos que poderiam ter sido fuzilados como traidores" estão hospedados no Hotel London e designa como "colaboradores" o grupo de indianos que falava em transmissões radiofônicas alemãs durante a guerra. Vale a pena examinar um pouco mais de perto essas várias afirmações.
>
> Para começar, há dois erros quanto aos fatos, um deles muito grave. Anjit Singh não falou na rádio nazista, e sim apenas em estações italianas, enquanto o homem apresentado como "Brijlal Mukerjee" é um indiano que esteve na Inglaterra durante toda a guerra, e que eu e muitas outras pessoas em Londres conhecemos muito bem [...].

Orwell prosseguiu defendendo o direito dos indianos de agir como "cidadãos de um país ocupado" mesmo quando ele discordava de suas ações específicas, e distinguiu-os nitidamente de "colaboradores" como Quisling e Laval, que haviam traído seu próprio povo. Concluiu salientando que a "fotografia" de Brijlal Mukerjee era na verdade de outra pessoa, e perguntou com sarcasmo se o jornal cometeria um erro tão crasso caso se tratasse de um branco. "Mas como é apenas um indiano, um erro desse tipo não tem importância — essa é a ideia tácita. E isso, notemos, acontece não no *Daily Graphic*, mas no único jornal trabalhista da Grã-Bretanha."

Enquanto servia na Ásia, Orwell deu-se o trabalho de aprender o birmanês e o hindustâni, além do *shaw-karen*, uma língua menos conhecida dos montanheses da Birmânia. Sentia desprezo pelos colonizadores britânicos, inclusive parentes seus, que passavam a vida inteira na região sem aprender mais do que as palavras autoritárias básicas para dar ordens aos empregados. Analogamente, fascinava-se com o número de indianos que haviam adquirido um domínio do inglês literário e com o pequeno número de escritores, entre eles Cedric Dover, que tinham ascendência mista anglo-indiana. Na resenha de um romance intitulado *The sword and the sickle*, escrito por seu amigo Mulk Raj Anand, ele disse aos leitores de *Horizon* em julho de 1942:

> O crescimento, especialmente nestes últimos anos, de uma literatura indiana em língua inglesa é um fenômeno estranho e terá seu efeito no mundo pós-guerra, quando não no próprio resultado da guerra [...]. Atualmente o inglês é, em grande medida, a língua oficial e comercial da Índia: 5 milhões de indianos são alfabetizados nela e outros milhões falam uma versão abastardada dela; existe uma enorme imprensa indiana em língua inglesa, e a única revista em inglês totalmente dedicada à poesia é publicada por indianos. Além disso, em média os indianos escrevem e até pronunciam o inglês muito melhor do que qualquer raça europeia [...].

Depois de levar tão longe sua análise, Orwell começou a recuar das implicações, conjecturando que o fim do domínio imperial traria a decadência do inglês acadêmico na Índia. (Da mesma forma, seu habitual pessimismo convenceu-o de que as transmissões radiofônicas para a Índia eram perda de tempo; no entanto, o impacto delas foi maior do que ele supôs.) Em 1943, porém, voltou ao assunto, dessa vez dirigindo-se diretamente a Anand em uma carta aberta e resenha nas páginas do *Tribune*: "A melhor ponte entre a Europa e a Ásia, melhor do que o comércio, os navios de guerra ou os aviões, é a língua inglesa; e espero que você, Ahmed Ali e os outros continuem a escrever em inglês, mesmo se com isso às vezes forem chamados de 'babu' (como aconteceu recentemente) em uma ponta do mapa e renegados na outra".

Quando Salman Rushdie compôs sua antologia de obras indianas em inglês em 1997 com Elizabeth West como co-organizadora, ressaltou a contínua, se não crescente, vitalidade do inglês como veículo literário no subcontinente e sua diáspora. E também ele arrumou barulho com alguns patriotas exaltados em "sua terra". Só que, àquela altura, as estantes de todas as livrarias inglesas estavam abastecidas com testemunhos de Rohinton Mistry, Arundhati Roy, Pankaj Mishra, Hanif Kureishi, Anita Desai, Vikram Seth e muitos outros, inclusive Ruth Prawer Jhabvala, nascida na Polônia (aliás, ela não é a única entre os acima mencionados a deixar em aberto a interessante questão de exatamente qual é a "sua terra"). Uma geração anterior de leitores britânicos já se banqueteara com obras de Nirad Chaudhuri, R. K. Narayan e (imorredouro para alguns de nós) G. V. Desani. Em sua introdução, meio século depois da independência, eis o que Rushdie tinha a dizer:

> As obras em prosa — ficção e não ficção — criadas nesse período por autores indianos *que escrevem em inglês* revelam-se, em seu conjunto, mais fortes e mais importantes do que a maioria do que foi produzido nas dezesseis "línguas oficiais" da Índia, as chamadas "línguas vernaculares", durante o mesmo período; e, com efeito, essa nova e ainda crescente literatura "indo-ânglica" representa, talvez, a mais valiosa contribuição que a Índia já deu ao mundo dos livros.

Enfrentando diretamente a acusação de usar a língua do conquistador, Rushdie deu uma resposta calma porém firme:

Minha língua materna, o urdu, que os primeiros conquistadores muçulmanos usavam como um jargão de campo, há muito tempo tornou-se uma língua subcontinental naturalizada; e a esta altura isso aconteceu também com o inglês. O inglês tornou-se uma língua indiana [...]. Em muitas partes do Sul da Índia, as pessoas preferem conversar com visitantes do Norte do país em inglês e não no hindi, porque este, ironicamente, dá mais a impressão de ser uma língua colonial aos falantes do tâmil, kannada ou mayalayam do que o inglês, que adquiriu no Sul a aura de neutralidade cultural de uma *língua franca*.

Na antologia de Rushdie, um conto de Mulk Raj Anand intitulado "The liar" [O mentiroso] ganhou destaque. Ele parece ter transcendido a calúnia do "babu" em mais de um aspecto.

Talvez não seja exagero dizer que a clareza e a coragem da prosa de Orwell, qualidades que o tornaram tão prontamente traduzível para os poloneses e ucranianos, também tiveram seu papel na transformação do inglês em uma língua franca não imperial. De fato, seus textos sobre o colonialismo são parte indissolúvel de seu comprometimento vitalício com os temas do poder, crueldade e força e da indisfarçada porém sutil relação entre dominador e dominado. Como uma das grandes tendências de sua época e da nossa é a emancipação gradual do mundo ex--colonizado e sua crescente presença no "Ocidente" promovida pela emigração e pelo exílio, Orwell pode ser lido como um dos fundadores da disciplina do pós-colonialismo e também como um dos registros literários da transição histórica da Grã-Bretanha de uma sociedade imperial e monocromática (e paradoxalmente insular) para uma sociedade multicultural e multiécnica.

2. Orwell e a esquerda

George Orwell passou boa parte da juventude investigando as condições da classe trabalhadora na Inglaterra, e não apenas as descreveu, mas também tabulou e cotejou as estatísticas relevantes. (Os cadernos e a pesquisa para *O caminho para Wigan Pier* não teriam envergonhado Friedrich Engels.) Quando a Espanha se viu ameaçada pelo fascismo, ele foi um dos primeiros a empunhar um fuzil e sentir o peso de uma mochila. Orwell ajudou a manter viva a imprensa socialista na Inglaterra ao longo de muitos anos infaustos. Seu comprometimento com o ideal igualitário foi tão absoluto que pode parecer decididamente antiquado. E na tradição anti-imperialista seu nome pode seguramente ser mencionado em companhia dos de E. D. Morel, R. B. Cunninghame-Grahame e Wilfred Scawen Blunt, homens cuja "magnânima indignação" (frase de Joseph Conrad aplicada a seu amigo Cunninghame-Grahame) situou-os do lado dos oprimidos e os tornou — como fez com Fenner Brockway, contemporâneo e colega de Orwell — mais famosos em outros países do que eles jamais foram no país "deles".

No entanto, na esquerda política e cultural o próprio nome de Orwell basta para provocar um frêmito de repulsa. Vejamos alguns exemplos:

> *Dentro da baleia* deve ser lido como uma apologia do quietismo [...]. Orwell é como um homem em carne viva de um lado e dormente do outro. Em sua esquerda ele é sensível — às vezes obsessivamente — à menor insinceridade, mas a desumanidade da direita raramente provoca nele um parágrafo de polêmica [...]. Quem suporia, com base na indiscriminada rejeição de Orwell, que houve muitos comunistas, de Tom Wintringham a Ralph Fox, que partilharam de suas críticas à ortodoxia? [...] Orwell encontrou a confirmação de seu "processo mundial" em *The managerial revolution*, do ex-trotskista James Burnham, e nos escritos do ex-comunista Arthur Koestler ele encontrou confirmação da corrupção da motivação humana. Em 1946 a política parecia-lhe "um amontoado de mentiras, evasões, desatinos, ódio e esquizofrenia" (*Politics and the English language*). *1984* foi produto não de uma mente, mas de uma cultura. (E. P. Thompson, "Outside the whale" [1960].)

Também seria errado avançarmos sem examinar os sentidos em que Orwell emprega o termo "política". Seis anos depois de *Dentro da baleia*, no ensaio *Politics and the English language* (1946), ele escreveu: "Em nossa época não há como 'ficar fora da política'. Todas as questões são questões políticas, e a própria política é um amontoado de mentiras, evasões, desatinos, ódio e esquizofrenia [...]". A opção quietista, a exortação para submeter-se aos eventos, é intrinsecamente conservadora. Quando intelectuais e artistas retiram-se da briga, os políticos sentem-se mais seguros. Outrora a direita e a esquerda na Grã-Bretanha discutiam sobre quem "possuía" Orwell. Naquele tempo os dois lados o queriam;

e como disse Raymond Williams, esse cabo de guerra não honrou sua memória. Não desejo reacender essas velhas hostilidades, mas não se pode evitar a verdade, e a verdade é que a passividade sempre serve aos interesses do *status quo*, das pessoas que já estão por cima, e que o Orwell de *Dentro da baleia* e de *1984* está defendendo ideias que só podem ser úteis aos nossos senhores. (Salman Rushdie, "Outside the whale" [1984].)

A inquebrantável carreira de escritor político de Orwell coincide não com os anos em que ele viveu na pior, não com seu breve interesse na experiência concreta do imperialismo (*Dias na Birmânia*), mas com sua readmissão e subsequente residência na vida burguesa. A política foi algo que ele observou, ainda que como um militante honesto, em meio aos confortos de livros vendidos, casamento, amizade com outros escritores (de modo nenhum com os radicais usados como material para *O caminho para Wigan Pier* e *Lutando na Espanha*, então descartados), do trato com editoras e agentes literários [...]. Desse estilo evoluiu — junto com seus pontos fortes e fracos — a política do jornalismo ocidental contemporâneo, uma política de testemunho ocular aparentemente destituída de opinião. Havendo tumulto, mostram-se turbas asiáticas e africanas em tumulto: uma cena obviamente perturbadora, apresentada por um repórter obviamente imparcial que está acima da piedade da esquerda e da hipocrisia da direita. Mas será que esses eventos só serão eventos quando mostrados pelos olhos de um repórter decente? Temos inevitavelmente de esquecer a complexa realidade que produziu o evento desse modo exato para que possamos sentir preocupação pela violência da multidão? Não deve haver um comentário sobre o poder que pôs lá o repórter ou analista e possibilitou representar o mundo como função de uma cômoda preocupação? (Edward Said, "Tourism among the dogs" [1980].)

Seria perigoso cegarmo-nos para o fato de que no Ocidente milhões de pessoas podem ser propensas, em sua angústia ou medo, a fugir de sua responsabilidade pelo destino da humanidade e descarregar sua raiva e desespero no gigantesco Bicho-Papão/Bode Expiatório que *1984* de Orwell tanto fez para pôr diante dos nossos olhos. (Isaac Deutscher, "*1984* — the mysticism of cruelty" [1955].)

Orwell preparou as convicções políticas ortodoxas de uma geração [...]. Vendo a luta como um combate travado entre uns poucos, passando por cima de uma massa apática, Orwell criou as condições para a derrota e a desesperança. (Raymond Williams, *George Orwell* [1971].)

Poucas vezes Orwell escreveu sobre estrangeiros, exceto sociologicamente, e de um modo displicente que não era do seu feitio; raramente ele menciona um escritor estrangeiro e tem aversão excessiva por palavras estrangeiras; embora condene o imperialismo, ele detesta ainda mais suas vítimas [...]. É fantasia ver no *1984* de Orwell o reflexo do sentimento de que um mundo no qual o modo de vida britânico pré-1914 desaparecera totalmente deve, necessariamente, ser um mundo desumanizado? E é de todo errado ver nos habitantes de *A revolução dos bichos* características em comum não apenas com os russos soviéticos, mas também com os povos inferiores de Kipling em geral, e com os birmaneses de Flory, que, quando sumirem as relativas decências do Raj, inevitavelmente hão de sucumbir à obscena dominação de sua própria gente? (Conor Cruise O'Brien, "Orwell looks at the world" [1961].)

As citações acima, embora representem apenas uma amostra, são muito representativas do que podemos encontrar para ilustrar a malevolência, a má-fé e a confusão intelectual que parecem inflamar-se espontaneamente quando o nome de Orwell é mencionado em certos círculos. Ou talvez não tão espontaneamente; pode-se ver de imediato que os vários autores atribuem a Orwell um poder imenso, que cometem o erro comum de culpá-lo por seu suposto "efeito", que não se preocupam em garantir que as críticas que fazem tenham fundamento ao menos na biografia de Orwell, quanto mais em seus escritos, e que (nesse aspecto ao menos assemelhando-se ao seu alvo) eles contradizem a si mesmos e uns aos outros. Eu poderia muito bem acrescentar que falei em palanques radicais com cada um dos autores acima mencionados, exceto Deutscher (mas apareci uma vez com sua viúva, Tamara), e que, embora Conor Cruise O'Brien tenha abandonado a esquerda há tempos, foi renomado em sua época como ferrenho opositor de Orwell e de Albert Camus, um autor potencialmente afim.

A Edward Thompson poderíamos responder — embora hoje o argumento possa ser compreensível apenas a poucas pessoas — que o próprio nome de Tom Wintringham poderia muito bem ter sido esquecido se George Orwell não o tivesse mencionado em aproximadamente duas dúzias de ensaios. Ao retornar do serviço na Brigada Internacional na Espanha, desiludido com os métodos de Stálin, Wintringham — juntamente a um grande amigo de Orwell, Humphrey Slater —, propôs que a Grã-Bretanha se defendesse contra a ameaça da invasão nazista com uma "guerra do povo". Apesar de receosas, as autoridades lhe entregaram o comando do quartel-general de Osterley Park, e ele ajudou a popularizar a ideia de uma guarda local composta de voluntários armados, a "Home Guard". Essa doutrina militar, concebida com o intuito de aumentar o custo de um desembarque alemão e de envolver e treinar voluntários que já não tinham idade para servir nas Forças Armadas, encontrou em Orwell seu mais diligente preconizador. O jornalismo de Orwell no tempo da guerra foi, em certos momentos, quase obcecado por esse assunto; Orwell via nele a esperança de um futuro democratizado na Grã-Bretanha e, também, a lembrança de uma Espanha republicana derrotada.

Quanto a James Burnham, o pai intelectual da Guerra Fria (de que tratarei no próximo capítulo), Orwell foi um dos pouquíssimos analistas a enxergar a sinistra influência do que Burnham pregava e submetê-lo a uma avaliação que o exasperou. Ninguém que leia o que Orwell disse sobre Burnham poderia concluir que Orwell encontra em Burnham qualquer tipo de "confirmação". Ocorre justamente o oposto.

Salman Rushdie repete o erro de Thompson sobre o quietismo (e também seu título, embora afirme ser uma coincidência) e atribui a Orwell frases que este havia posto na boca de outros. Por exemplo, em *Dentro da baleia*, Orwell escreve: "Progresso e reação demonstraram ser embustes"; "Entregue-se à marcha do mundo […] limite-se a aceitá-la, suportá-la, registrá-la. Essa parece ser a fórmula que qualquer romancista sensível provavelmente adotará agora". O que poderia haver de mais claro? É tão óbvio que esse ponto de vista não é o de Orwell que para refutá-lo não precisamos das evidências de sua própria carreira — uma desesperada última década de militância e comprometimento com a democracia e a descolonização, além da composição de dois romances com um tom urgente de repúdio ao totalitarismo. Hesito em ressaltar isso a um dileto amigo que é um leitor muito mais vigilante do que eu, mas a falácia de atribuir a um autor as falas e características de personalidade que ele mencionou em terceiros é um erro crasso que somos ensinados a evitar e abominar desde muito jovens.

Não sei por que Edward Said julga ser moralmente importante transformar em amigos vitalícios aqueles que encontramos quando fazemos pesquisas jornalísticas ou sociológicas, mas é escandalosamente injusto da parte dele dizer que Orwell "descartou" aqueles a quem conheceu quando investigava as condições das fábricas e bairros miseráveis ou quando lutou na Espanha. Ele manteve contato, por meio de visitas e de correspondência, com vários do primeiro grupo — em especial com o escritor "proletário" Jack Common, para quem várias vezes tentou encontrar emprego e a quem emprestou seu chalé. E suas cartas e pronunciamentos públicos demonstram toda uma vida de comprometimento com os que ele conheceu na Espanha e com aqueles do grupo que sobreviveu à morte na frente de batalha ou à execução pela política stalinista na retaguarda. Ele se empenhou em tirá-los da prisão, dar publicidade a seus casos, ajudar suas famílias e — talvez o mais importante — salvá-los da infâmia. Tudo isso consta nos registros publicados.

Também não consigo atinar com a razão de Said considerar "confortável" a vida de Orwell. Depois de ter a garganta atravessada por uma bala e sofrendo de tuberculose que o debilitava e que acabaria por matá-lo, Orwell viveu com uma renda assombrosamente diminuta e tentou sempre que possível cultivar seu próprio alimento e até fazer a própria mobília. De fato, se ele teve algum tipo de afetação, talvez tenha sido sua indiferença à vida burguesa, sua austeridade quase ostensiva. No mesmo ensaio, Said (em resenha sobre Peter Stansky e William Abrams, coautores obcecados pela distinção Blair/Orwell) congratula-os por seu gritante recurso à tautologia:

> "Orwell pertenceu à categoria de escritores que escrevem." E que podia dar-se o luxo de escrever, poderiam ter acrescentado. Em contraste, mencionam George Garrett, que Orwell conheceu em Liverpool, escritor talentoso, marinheiro, estivador, militante comunista: "Os meros fatos de [sua] situação — vivendo do seguro-desemprego, com mulher e filhos, a família espremida em dois cômodos — impossibilitavam-lhe escrever qualquer obra exten-

sa". A vida de escritor de Orwell foi, desde o princípio, uma afirmação de valores burgueses não examinados.

Isso é mesmo de espantar. Orwell de fato conheceu Garrett em Liverpool em 1936 e ficou muito impressionado quando soube que, na verdade, já o conhecia pelos textos que ele escrevera sob o pseudônimo de Matt Lowe para a revista *Adelphi*, de John Middleton Murry. Como disse Orwell em seu diário:

> Exortei-o a escrever uma autobiografia, mas, como de costume, vivendo em dois cômodos com a mulher (que, pelo que percebi, é contra seu trabalho de escritor) e vários filhos, sobrevivendo com seguro-desemprego, ele se vê impossibilitado de dedicar-se a qualquer texto longo, só pode escrever contos. Além do colossal desemprego em Liverpool, é para ele quase impossível encontrar trabalho porque em toda parte ele consta na lista negra como comunista.

Portanto, a evidência que supostamente envergonha Orwell pelo contraste é, na verdade, fornecida pelo próprio Orwell! Isso é apenas um pouco melhor do que o outro hábito de seus inimigos, de atacá-lo por palavras de outras pessoas que ele citou, como se ele próprio as tivesse dito. (A ideia de que um escritor precisa poder "dar-se o luxo" de escrever é um tanto esquisita e, como ideia, é um tanto — para usar um termo em voga na nova esquerda — "problemática". Se apenas os burgueses tivessem condições de escrever, muitas obras jamais teriam sido escritas. Para começo de conversa, aliás, Orwell nunca teria conhecido Garrett.)

Quanto às "ralés" negra e morena, espero ter dito o bastante sobre o assunto. Orwell criticou Gandhi no auge de sua popularidade por confiar muito no "poder da alma" e da não violência e por ser demasiado passivo em sua resistência. Quando Adis-Abeba (capital da então Abissínia, hoje Etiópia) libertou-se do fascismo italiano, Orwell abominou o fato de a bandeira britânica ter sido hasteada antes da abissínia. Ele nunca deixou seus leitores esquecerem que viviam à custa de um império que explorava outras nações, e escreveu certa vez que, por mais que Hitler tentasse, não conseguiu reduzir o povo alemão à abjeta condição dos cules indianos. E assim ele prosseguiu coerentemente em outros exemplos.

Isaac Deutscher foi mais conhecido — como seu conterrâneo Joseph Conrad — por ter aprendido inglês já adulto e se tornado um mestre da prosa nessa língua. Mas, quando ele menciona acima o "fato" de que milhões de pessoas "podem" concluir algo, perpetra um solecismo em qualquer língua. Como muitos outros críticos, ele julga o *1984* de Orwell não como um romance ou mesmo como uma polêmica, mas pela possibilidade de que a obra venha a deprimir as pessoas. Esse era o critério pelo qual padres e censores condenavam livros que não continham uma "elevação" essencial que os tornasse suficientemente salutares para o consumo em massa. O pretensioso título do ensaio de Deutscher ["O misticismo da crueldade"] só contribui para reforçar a impressão de que algo sub-reptício está sendo tentado.

Raymond Williams, que introduziu duas gerações de leitores ingleses na ideia de "estudos culturais", é meu principal agressor, e vou deixá-lo para mais tarde. Mas podemos reparar que também ele julga um livro por sua recepção. Conor Cruise O'Brien não é mais da esquerda, porém ainda gosta de argumentar empregando uma retórica dessa linha, e vemo-nos perante um dilema: será que ele leu Orwell sobre Kipling e o império e decidiu, por alguma razão própria não revelada, que o autor não quis dizer uma só palavra de tudo aquilo? Ou será que não leu? Essa questão não perde a força simplesmente porque o próprio

O'Brien fez a transição de vermelho e verde — passando por uma fase ligeiramente arroxeada — para o laranja extremado.*

Não escolhi as citações acima porque eram fáceis de rebater e me tomariam pouco tempo. Em todos os casos, elas são as afirmações centrais dos respectivos autores e, na verdade, não refletem toda a intensidade da aversão que a corrente dominante da esquerda sempre nutriu por Orwell. Mas não é comum flagrar escritores ilustres como esses no ato de cometer erros tão elementares. Terão eles permitido que o rancor desbancasse seu nível intelectual usual? E, se isso ocorreu, por quê?

A condenação de Aristides, o Justo, na Atenas antiga deveu-se, supõem alguns, ao fato de que ser chamado de "o Justo" irritava as pessoas. E a aura de irrepreensibilidade que integra a reputação de Orwell sempre exasperou seus críticos. (Ela também teria surpreendido Orwell, se ele houvesse sobrevivido para saber dela.) Levando em conta essa irritação, de que maneira explicar o modo como ela incita pessoas a perpetrar distorções evidentes?

Voltemos a meu argumento sobre o imenso *poder* que os inimigos de Orwell lhe atribuem. Orwell escreveu sobre o "grande, vago renome" que constituía a memória popular de Thomas Carlyle. A reputação do próprio Orwell há tempos é desse tipo, se não muito maior e mais precisa. Mas isso não é o mesmo que induzir milhões ao desespero e à apatia (Deutscher), abater o moral de toda uma geração (Williams) ou compor uma obra de ficção que na verdade é, sob um disfarce muito astuto, a obra de toda uma "cultura" (Thompson). De algum modo semiarticulado, importantes figuras da esquerda veem Orwell como um *inimigo*, um inimigo vultoso e assustador.

---

* "Verde" é uma alusão ao liberalismo radical, "arroxeada" refere-se à admiração pelas pompas do império e da monarquia, e "laranja", à posição pró-sionista. (N. T.)

Isso também ocorreu, em menor grau, enquanto ele era vivo. E novamente a aversão ou desconfiança podem ser ilustradas por uma simples — ou melhor, simplória — confusão de categorias. Muitos diziam e acreditavam que Orwell escrevera uma frase condenável: "A classe operária fede". Essa declaração esnobe e herética supostamente seria encontrada em *O caminho para Wigan Pier*; em outras palavras, como o livro era uma coletânea importante do clube literário Left Book Club, fundado por Victor Gollancz, a citação podia ser verificada e consultada. Mas obviamente nunca o foi, pois naquelas páginas Orwell diz apenas que as pessoas da classe média, como os pais do próprio Orwell, acreditavam que a classe operária fedia. O próprio Victor Gollancz, embora se opusesse irremediavelmente a Orwell em matéria de política, publicou em nome de Orwell um desmentido de que ele alguma vez houvesse dito ou escrito que "a classe operária fede". Não fez diferença. Como mostra sua correspondência publicada, toda vez que Orwell escrevia qualquer coisa passível de objeção pela esquerda, lá vinha de novo essa acusação, elevada a uma condição mítica que a punha acima da mera refutação pelos fatos. Parece tolice trazer mais uma vez à baila essa mesquinhez, mas esse mesmo método — de atribuir a Orwell o ponto de vista que ele atribuía a outros — é empregado em nossa época nas discussões críticas sobre *Dentro da baleia*.

Uma figura da esquerda pode ser considerada representativa da hostilidade geral. Raymond Williams foi membro da geração comunista dos anos 1930 e 1940. (Seu primeiro trabalho publicado, escrito em coautoria com Eric Hobsbawm, foi um panfleto estudantil de Cambridge defendendo a invasão soviética da Finlândia na época do pacto entre Hitler e Stálin.) Williams renunciou à ortodoxia comunista e se tornou, com E. P. Thompson e Stuart Hall, uma das figuras embrionárias da nova esquerda nos anos 1950. E quando a velha nova esquerda desentendeu-se com a nova nova esquerda (são coisas que acontecem), Williams foi um dos que continuaram a ser reverenciados pela geração mais jovem de intelectuais *marxisants** e continentalizados reunidos em torno de Perry Anderson e da *New Left Review*. Em 1979, aliás, a New Left Books publicou um volume inteiro contendo uma série de respeitosas entrevistas e conversas com Williams sob o título *Politics and letters*.

Comecemos com o que faz Williams em seu imensamente influente livro *Culture and society* [*Cultura e sociedade*], publicado em 1958. A primeira menção a Orwell surge em um comentário sobre George Gissing:

> Se Gissing é um observador menos compassivo do que a sra. Gaskell, menos abertamente polêmico do que Kingsley, ainda assim *The nether world* e *Demos* seriam compreensivamente endossados por qualquer um desses dois ou por seus leitores típicos. No entanto, Gissing introduz um novo elemento importante, que permanece significativo. Muitos o chamam de "o porta-voz do desespero", e isso é verdade nas duas acepções do termo. Como Kingsley e a sra. Gaskell, ele escreve para descrever as verdadeiras condições dos pobres e para protestar contra as forças brutas da sociedade que enchem de destroços os abismos do além-mundo.
>
> Mas ele também é o porta-voz de outro tipo de desespero: o desespero nascido da desilusão social e política. Nisso ele é uma figura exatamente como Orwell em nossa época, e em grande medida pela mesma razão. Dizer se isso é honestidade ou não depende da experiência que se tem.

---

* O termo *marxisant* alude à ostentação de uma posição esquerdista mais fundamentada em conversas de bar e em certo modo de trajar inspirado na Sorbonne do que em sólidos conhecimentos marxistas. (N. T.)

Orwell ganha depois um capítulo para si, no qual Williams anuncia pomposamente que "o efeito total de [sua] obra é o do paradoxo. Ele foi um homem humano que comunicou um extremo de terror inumano; um homem comprometido com a decência que concretizou uma miséria distintiva".

Ao primeiro argumento poderíamos replicar observando que Orwell foi um grande admirador de George Gissing e fez várias referências a seus romances, especialmente *The private papers of Henry Ryecroft, The odd women, Demos* e *New Grub Street*. Em um perfil do autor publicado em 1943 ele escreveu:

> Lá estava um homem humano, inteligente, de gostos acadêmicos, forçado à intimidade com os pobres de Londres, e sua conclusão foi simplesmente: essas pessoas são selvagens a quem em nenhuma circunstância se deve permitir o poder político. Em uma forma mais desculpável, essa é a reação usual do homem de classe média baixa que está próximo o suficiente da classe trabalhadora para temê-la. Sobretudo, Gissing percebeu que a classe média sofre mais de insegurança econômica do que a classe trabalhadora, e é mais disposta a tomar providências a respeito disso. Desconsiderar esse fato tem sido um dos grandes erros da esquerda, e com esse romancista sensível que amava as tragédias gregas, odiava a política e começou a escrever muito antes de Hitler nascer podemos aprender alguma coisa sobre as origens do fascismo.

Acontece que eu sei, com toda a certeza, que Williams vira os escritos iniciais e posteriores de Orwell sobre George Gissing. Quando ajudava a editar a revista *Politics and Letters* na Cambridge do pós-guerra, junto com Wolf Mankowitz e Clifford Collins, ele recebeu os originais de um ensaio mais longo sobre Gissing do próprio Orwell, que na época estava fatalmente enfermo, internado em um sanatório escocês. Esse manuscrito foi perdido e nunca voltou às mãos de Orwell; a própria revista (dedicada que fora a uma repelente fusão das ideias de Karl Marx e F. R. Leavis) então faliu. A explicação de Williams para esse fiasco — o manuscrito foi reencontrado em 1959 — é excepcionalmente mesquinha. E não é preciso ser um detetive literário que esquadrinhe o trecho acima para reparar que Williams, em parte, está dizendo sobre Orwell o que este dissera sobre Gissing. Esse ressentimento semissepultado pode ser notado, também, quando Williams fala em paradoxo. Já frisei que Orwell contém opostos e até contradições, mas onde está o paradoxo em "um homem humano que comunicou um extremo de terror inumano"? Onde está o paradoxo em "um homem comprometido com a decência que concretizou uma miséria distintiva"? A escolha de verbos é flagrantemente estranha, se não um tanto duvidosa. "Comunicou"? "Concretizou"? Supondo que Williams tencionava referir-se a *1984* no primeiro caso, o que ele certamente fez, não seria mais preciso dizer que Orwell "evocou" ou mesmo "prefigurou", ou talvez simplesmente "descreveu" um extremo de terror inumano? Acontece que essa escolha de verbos, por ser mais acurada, seria menos "paradoxal". Porque o que Williams deseja insinuar mas não tem coragem de dizer é que Orwell "inventou" o quadro do coletivismo totalitarista.

Quanto a "concretizar" uma miséria distintiva, o autor do útil livro *Keywords** escolheu aqui um termo deliberadamente inexato. Ele poderia referir-se outra vez a *1984* — é obcecado pelo "pó áspero" que infesta o primeiro parágrafo de Orwell — ou talvez queira aludir às descrições da existência miserável e confinada (além de fétida) imposta aos moradores de Wigan Pier. Mas "concretizar" essa miséria é torná-la real — sem con-

---

* *Keywords*, de Raymond Williams, traduzido no Brasil com o título *Palavras--chave: um vocabulário de cultura e sociedade*. (N. T.)

tradição com decência — ou fazê-la de fato *ocorrer*; uma sugestão obviamente disparatada.

Mais adiante, em *Cultura e sociedade*, Williams marca alguns pontos reimprimindo algumas sentenças absolutistas que, consideradas isoladamente, representam exageros ou generalizações. Era ao mesmo tempo fraqueza e força do jornalismo de Orwell seu jeito de começar um ensaio com uma afirmação atrevida, destinada a atrair a atenção — uma tática que, como Williams corretamente ressalta, ele tomou de empréstimo a G. K. Chesterton e George Bernard Shaw. Nenhum escritor que se preze consegue reler seus textos mais efêmeros sem encontrar alguns momentos constrangedores desse tipo; Williams admite que os "isolou", mas que se diverte mesmo assim. A categórica sentença "um humanitário é sempre um hipócrita" pode conter uma partícula de verdade — contém, de fato —, mas não se sustenta isoladamente. Outras passagens de Orwell, sobre o fracasso do movimento socialista ocidental, são mais convincentes para o leitor de hoje do que na época em que Williams zombou delas, e no entanto são um tanto indiscriminadas. E há as famosas explosões de irritação contra naturistas, alternativos e homossexuais, que de fato desfiguram a prosa e (embora ainda admiremos Pope e Swift pela heroica injustiça de suas invectivas) provavelmente merecem censura. Contudo, Williams trai sua parcialidade oculta mesmo quando ataca esses alvos relativamente fáceis. Critica Orwell pelo uso repetido de diminutivos como um insulto ("O típico socialista [...] um homenzinho empertigado", "o típico funcionariozinho poltrão" etc.). Ora, é provável que todos nós usemos demais os diminutivos e seus análogos. Williams, em determinado momento, censura — com certa "soberba", talvez — seus colegas da nova esquerda por mostrarem-se muito afoitos para menosprezar Orwell como "pequeno-burguês". Mas que dizer (escolho esse exemplo ao acaso) da repulsa de Orwell pelo comportamento da massa inglesa na Primeira Guerra Mundial, quando "infelizes padeiros e cabeleireiras alemãs tiveram seus humildes estabelecimentos saqueados pela turba"?

Em outro esforço pelo paradoxal, Williams decide identificar Orwell como um exemplo do "paradoxo do exílio". Esse paradoxo, que ele também identificou com D. H. Lawrence, constituía uma verdadeira "tradição" que, na Inglaterra,

> atrai para si muitas das virtudes liberais: o empirismo, uma certa integridade, a franqueza. Possui também, como uma virtude que normalmente acompanha o exílio, certas qualidades de percepção, em particular a faculdade de distinguir inadequações nos grupos que são rejeitados. Dá, além disso, uma aparência de força, ainda que em grande medida ilusória. As qualidades, embora salutares, são acentuadamente negativas; há uma aparência de dureza (a crítica austera da hipocrisia, da acomodação, do autoengano), mas geralmente é quebradiça e, por vezes, histérica: carece da substância da comunidade, e a tensão, em homens de alta qualidade, é muito grande.

É uma passagem admirável, mesmo que Williams esteja empenhado em dar de um lado e tirar do outro. O título provisório de Orwell para *1984* foi "O último homem da Europa", e há traços de uma espécie de nobreza solipsista em outras partes de sua obra, a atitude do solitário empedernido e recluso. No entanto, não poderíamos valorizá-lo como o destacado exemplo inglês do dissidente intelectual que preferiu, acima de todas as outras lealdades, ser leal à verdade? Evidentemente Williams não acredita nisso, e a pista reside numa só palavra, tão aparentemente inócua em si mesma: "comunidade".

Pois Williams, depois de dar a Orwell o título de exilado, imediatamente o substitui pelo de "errante". Um errante não se tranquilizará ou se confortará, por exemplo, com a nada consoladora insistência de Williams em que "'totalitário' designa certo tipo de controle social repressivo, mas por outro lado qualquer sociedade real, qualquer comunidade adequada, é necessariamente uma totalidade. Pertencer a uma comunidade é fazer parte de um todo e, necessariamente, aceitar, enquanto ajuda a definir, suas disciplinas". Em outras palavras, Williams está convidando Orwell e todos nós a reentrar na baleia! Lembre-se de suas raízes, observe os costumes da tribo, reconheça suas responsabilidades. A vida do errante ou do exilado é malsã, e até perigosa ou ilusória. O calor da família e das pessoas está à nossa espera, e também a vida do "movimento". Se temos de criticar, que o façamos de dentro e nos esforcemos para que nossas críticas sejam construtivas.

Essa singularíssima tentativa de trazer Orwell de volta ao rebanho é reforçada por uma frase muito estranha: "O princípio que ele escolheu foi o socialismo, e *Lutando na Espanha* ainda é um livro comovente (descontando-se a controvérsia política que implica), pois é um registro da mais deliberada tentativa que ele fez para tornar-se parte de uma comunidade crente". Desafio qualquer leitor destas páginas a encontrar evidências para tal proposição; é verdade que Orwell sensibilizou-se profundamente com a luta catalã e com os amigos que fez em decorrência dela. Mas ele não era exatamente um desarraigado antes de ir para a frente de batalha, e a "comunidade crente" da qual, depois disso, ele fez parte era uma comunidade de simpatizantes revolucionários que tinham em comum terem vivenciado a traição nas mãos de Stálin. E da "comunidade" de Stálin, naquela época, Williams era uma parte orgânica.

Na época em que escreveu *Cultura e sociedade*, Williams também não se separara dela por completo. Em uma análise muito breve e superficial de *A revolução dos bichos* e de *1984*, Williams mais uma vez tratou obstinadamente de confundir o meio com a mensagem. Em *A revolução dos bichos* "o assunto do governo fica entre beberrões e porcos, e não se vai além disso. Em *1984* esse mesmo argumento é claro, e os termos agora são diretos. Os detestados políticos estão no comando, enquanto a massa obtusa de "proletas" vai vivendo a seu modo, protegida pela própria estupidez. A única dissidência vem de um intelectual rebelde: o exilado contra todo o sistema".

Patenteando e ressaltando sua incapacidade até para compreender o enredo (quem poderia ler *A revolução dos bichos* como uma mera disputa entre beberrões e porcos?), Williams inclusive citou o parágrafo sobre os proletas que contradizia o que ele acabara de afirmar — o mesmo parágrafo, aliás, que Orwell extraiu de sua experiência momentânea de alegrar-se com as indômitas faxineiras nos corredores e saguões conformistas da BBC:

> Se é que há esperança, a esperança está nos proletas [...] em toda parte via-se a mesma figura sólida e indomável, tornada descomunal pelo trabalho e pela maternidade, esfalfando-se do nascimento à morte e ainda assim cantando. Daqueles ventres possantes haveria de sair um dia uma raça de seres conscientes. Winston e Julia eram os mortos; o futuro pertencia aos proletas. Mas poderiam compartilhar desse futuro se mantivessem viva a mente como mantinham vivo o corpo [...].

Em seu livro *The captive mind*, escrito em 1951-52 e publicado no Ocidente em 1953, o poeta e ensaísta polonês Czesław Miłosz prestou a Orwell um dos maiores tributos de um escritor a outro. Miłosz, como alto funcionário do governo e atuante na área de cultura, vira de dentro a stalinização da Europa Ocidental. Ele escreveu sobre seus compatriotas sofredores:

Uns poucos tiveram contato com *1984* de Orwell; por ser difícil de obter e perigoso de possuir, [o livro] só é conhecido por certos membros do Núcleo do Partido. Orwell fascina-os com sua intuição de detalhes que eles próprios conhecem bem e por seu uso da sátira swiftiana. Essa forma de escrever é proibida pela Nova Fé porque a alegoria, por natureza dotada de múltiplos significados, violaria as prescrições do realismo socialista e as exigências do censor. Mesmo os que conhecem Orwell apenas pelo que ouviram dizer espantam-se que um escritor que nunca viveu na Rússia tenha uma percepção tão nítida da vida no país.

Em outras palavras: apenas um ou dois anos após a morte de Orwell, seu livro sobre um livro secreto que circulava apenas nos limites do Núcleo do Partido era, ele próprio, um livro secreto que circulava apenas nos limites do Núcleo do Partido. É claro que, de certa forma, Orwell *passara* pela experiência, e de modo relativamente direto. Pouco lhe escapou durante sua breve vida; havia premonições de *1984* até em suas memórias dos tempos de escola, "Such, such were the joys". O que ele vivenciou nas colônias e na bbc, podemos supor, forneceu-lhe matéria-prima, e o mesmo se pode dizer sobre sua leitura de *We*, de Yevgeny Zamyatin e de outras literaturas distópicas dos primórdios do stalinismo. Mas o momento transcendente ou cristalizador sem dúvida ocorreu na Espanha, ou de qualquer forma na Catalunha. Foi lá que Orwell sofreu as dores premonitórias de um homem que vive sob um regime policial: um regime policial que governava em nome do socialismo e do povo. Para um ocidental, pelo menos, essa epifania era relativamente uma novidade; passava quase batido para muitos indivíduos conscienciosos e humanos que mal permitiam que ela interrompesse suas preocupações com o "principal inimigo", o fascismo. Mas em Orwell ela deixou uma impressão permanente.

A coincidência, disse Louis Pasteur, tende a ocorrer apenas na mente que está preparada para notá-la. Pasteur se referia ao tipo de mente aberta que enseja inovações científicas elementares, mas a metáfora é útil. Na Espanha Orwell estava, em certa medida, condicionado a manter os olhos abertos e a registrar as evidências. Muitos dizem, tentando justificar os intelectuais dos anos 1930, que eles não poderiam de fato saber como era o stalinismo. E também dizem muitos — entre eles aqueles mesmos apologistas — que, quando *foram* capazes de perceber como era o stalinismo, também deram um jeito de reprimir suas apreensões pelo bem da causa. Um fato impressionante no caso de Orwell, um tributo à sua "capacidade de enfrentar", é que ele nunca teve uma fase stalinoide, nunca precisou ser curado ou expurgado pela súbita "desilusão". Também é verdade que ele não tinha muita paciência com quem alegava ter estado iludido inicialmente para desculpar-se por uma ingenuidade posterior. Esse fato — com sua potencial insinuação de superioridade — é decerto parte da razão da forte aversão que ele despertava e ainda desperta.

Em marcante e completo contraste com a obtusa lealdade à "comunidade" demonstrada por homens como Raymond Williams, a crítica inicial ao stalinismo foi feita por um movimento de trabalhadores dissidentes e intelectuais independentes. Não há de surpreender ninguém o fato de que um ou dois nesse segundo grupo eram ex-alunos de internatos de elite britânicos que haviam aprendido a desconfiar da ideia de "espírito de equipe"; a Primeira Guerra Mundial já produzira um pequeno mas vital grupo de oficiais subalternos conscienciosos que "percebiam o jogo" do jingoísmo e da lealdade de classe quase exatamente do mesmo modo, e à força de uma experiência igualmente penosa.

Resta apenas dizer que em 1953 — três anos depois da morte de Orwell — os operários de Berlim Oriental protestaram contra seus novos chefes. Em 1956 as massas de Budapeste fizeram o mesmo, e de 1976 até a implosão das "democracias do povo" os portuários poloneses foram a célebre tropa de choque que zombou da própria ideia de um "partido de trabalhadores". Esse movimento de pessoas e países foi acompanhado pelos esforços e escritos de muitos intelectuais "exilados" e "errantes" como o próprio Miłosz, Václav Havel, Rudolf Bahro, Miklós Haraszti, Leszek Kołakowski, Milan Šimečka e Adam Michnik. Nenhum deles deixou de prestar tributo a George Orwell. Assim, a aliança — entre comunidades operárias e céticos alienados — teve algum resultado, afinal. Somos forçados a concluir, no entanto, que essa não foi, em absoluto, a sadia e progressista revolução que Raymond Williams tinha em mente. Muito menos foi resultado de desesperança e resignação. É por isso que a obra de Orwell será relida e apreciada — eu quase ia dizendo "muito tempo depois de Williams ter sido esquecido", mas proíbo-me o lugar-comum e prefiro dizer: independentemente de Williams ser ou não lido e lembrado.

Ele escreveu muito sobre Orwell, mas, sugestivamente na minha opinião, omitiu todas exceto a mais breve menção a seus ensaios sobre a cultura popular. ("Na Grã-Bretanha dos anos 1950", Williams disse com amargura a seus entrevistadores da *New Left Review* em 1979, "em cada caminho por onde seguíssemos, a figura de Orwell parecia estar à espera. Se tentássemos fazer algum tipo de análise da cultura popular, lá estava Orwell; se quisésemos descrever o cotidiano, lá estava Orwell […]." Isso soa como reconhecimento ou como inveja?) Orwell talvez tenha sido o primeiro intelectual a manifestar interesse pelos aspectos recreativos da alfabetização do povo e da era da produção em massa. Em seu influente ensaio "Boys' Weeklies", ele não só apresentou alguns argumentos sagazes sobre a manipulação do gosto pelos barões da imprensa, mas também conjeturou — e com acerto, como se constatou depois — que a produção de "Frank Richards", o criador de Billy Bunter [personagem de história em quadrinhos], era demasiado vasta e homogeneizada para ser obra de um só homem. (A pornografia leve para os proles, escrita por um processo semiautomático em *1984*, deve algo a essa ideia.) Seu estudo sobre cartões-postais de praia vulgares e as relações deles com o humor do teatro de variedades descobriu em Donald McGill um artista e desenhista. Orwell propôs escrever um estudo sobre semanários femininos, e não se sabe se de fato o fez; é triste pensar na possibilidade de o estudo ter se perdido, possivelmente quando sua casa em Islington foi bombardeada, em 1944. Ele acompanhou a ascensão e queda das piadas étnicas, notando que seus alvos variavam conforme os acontecimentos políticos e registrando a sutil distinção entre piadas de judeu e de escocês. Como crítico de cinema, desenvolveu uma aguçada percepção da crescente influência das técnicas de marketing americanas sobre os hábitos e maneiras britânicos e a cultura britânica em geral. Não seria exagero dizer que foi um pioneiro dos "estudos culturais" sem dar um nome a esse tema. (Ele preferiria, talvez, dizer que o estudo apropriado da humanidade é o homem.) Os estudos pós-coloniais também devem algo a Orwell, e por isso sempre é lamentável, e espero não significativo, ver Edward Said, além de Raymond Williams, tratarem-no com essa evidente falta de generosidade.

Não há muita margem para dúvida sobre a verdadeira fonte do ressentimento por Orwell. Aos olhos de muitos da esquerda oficial, ele cometeu o supremo pecado de "dar munição ao inimigo". Não só fez isso nos anos 1930, quando a causa antifascista supostamente necessitava que seus partidários cerrassem fileiras, mas repetiu a ofensa nos anos iniciais da Guerra Fria, e assim — "objetivamente", como se costumava dizer — tornou-se um aliado das forças do conservadorismo.

Ao contrário de inúmeros contemporâneos, cuja deserção do comunismo mais tarde produziria espetaculares confissões e memórias, Orwell nunca atravessou uma fase de russofilia, de veneração a Stálin ou de simpatizante do movimento comunista. Ele escreveu, em meados dos anos 1940, que em certas questões aprendera a confiar na intuição:

> Desde 1934 eu sabia que a guerra entre Inglaterra e Alemanha estava para acontecer, e desde 1936 minha certeza era completa. Podia sentir isso nas entranhas, e todo o palavrório, de um lado dos pacifistas e do outro do pessoal da Frente Popular, que fingia temer que a Grã-Bretanha estivesse a preparar-se para a guerra contra a Rússia, nunca me enganou. Do mesmo modo, horrores como os expurgos russos nunca me surpreenderam, pois sempre senti que isso — não *exatamente* assim, mas coisa *parecida* — estava implícito no regime soviético.

Devemos acreditar que Orwell (que confidenciou as palavras acima a seu diário privado) foi capaz, com base em evidências literárias íntimas, de decidir que o comunismo soviético era monstruoso? Essa ideia é parcialmente justificada por uma incisiva resenha que ele escreveu em junho de 1938 sobre as memórias jornalísticas de Eugene Lyons, *Assignment in Utopia*:

> Para ter uma noção plena da nossa ignorância quanto ao que realmente está acontecendo na URSS, vale a pena tentar traduzir o mais sensacional evento russo dos últimos dois anos, os julgamentos de Trótski, para os termos ingleses. Façamos os ajustes necessários de modo que a esquerda seja a direita e a direita seja a esquerda, e teremos algo assim:
>
> > O sr. Winston Churchill, hoje exilado em Portugal, está tramando derrubar o Império Britânico e estabelecer o comunismo na Inglaterra. Com uso ilimitado de dinheiro russo, ele conseguiu formar uma gigantesca organização churchilli-

ta que inclui membros do Parlamento, gerentes de fábrica, bispos católico-romanos e praticamente toda a Primrose League.* Quase todo dia algum infame ato de sabotagem é descoberto — ora uma conspiração para explodir a Câmara dos Lordes, ora um surto de doenças da boca e das patas nos estábulos dos cavalos de corrida reais. Oitenta por cento dos membros da Guarda Real na Torre foram desmascarados como agentes do Comintern. Um alto funcionário dos Correios admite descaradamente ter desviado cerca de 5 milhões de libras esterlinas em ordens postais e cometido crime de lesa-majestade desenhando bigodes em selos postais. Lorde Nuffield, após sete horas de interrogatório pelo sr. Norman Birkett, confessa que desde 1920 vem insuflando greves em suas próprias fábricas. Pequenas notas em todas as edições de jornais anunciam que mais cinquenta ladrões de ovelhas churchillitas foram fuzilados em Westmoreland ou que uma dona de mercearia em um vilarejo de Cotswolds foi deportada para a Austrália por chupar balas pela metade e devolvê-las ao vidro. E nesse ínterim os churchillitas (ou churchillitas-harmsworthitas, como passaram a ser chamados após a execução de lorde Rothermere) nunca deixaram de proclamar que *eles* são os verdadeiros defensores do capitalismo e que Chamberlain e o resto da gangue não passam de um bando de bolcheviques disfarçados.

Quem já acompanhou julgamentos russos sabe muito bem que essa não é exatamente uma paródia [...]. Do nosso ponto de vista, a coisa toda não é apenas inacreditável como uma conspiração genuína: ela beira o inacreditável como trama incriminatória. É simplesmente um mistério tenebroso, do qual o único fato palpável

---

* Organização para a difusão dos princípios conservadores na Grã-Bretanha, fundada na era vitoriana e atuante até meados dos anos 1990. (N. T.)

— sinistro o bastante em si mesmo — é que os comunistas daqui consideram-no uma boa propaganda para o comunismo.

Ao mesmo tempo, a verdade sobre o regime de Stálin, quem me dera pudéssemos apreendê-la, é de primordial importância. Será socialismo ou será uma forma particularmente perversa de capitalismo de Estado?

Orwell respondeu a essa pergunta com um veredicto em favor da segunda alternativa. Vale a pena citar seu ensaio na íntegra porque o texto mostra, primeiro, que ele era capaz de escrever com humor (uma veia à qual não se entregava com muita frequência) e, segundo, que era capaz de fazer uma inferência vasta e inteligente a partir de informações bem limitadas. Não eram só os comunistas engajados que acreditavam piamente nas fantásticas confissões dos réus de Moscou. Juristas eminentes e consultores jurídicos da Coroa, repórteres veteranos, parlamentares e ministros religiosos, todos achavam que o colossal volume de indícios era impressionante e convincente. Escrevendo para um pequeno público do jornal *New English Weekly*, Orwell seguiu seu instinto a respeito da revoltante linguagem do processo e sua histérica irracionalidade, e declarou-o uma fraude monumental.

Ele não se baseou apenas no instinto. Na Espanha, esteve muito próximo das maquinações incriminatórias e falsas denúncias stalinistas e em toda a sua vida nunca chegara tão perto de ser uma vítima delas. Ademais, como podemos ver na expressão "capitalismo de Estado", ele estava em contato com as pequenas e dispersas forças da esquerda internacional independente — forças hoje quase esquecidas, mas que contiveram indivíduos importantes que testemunharam em um período crítico, e com imenso risco, a ameaça do totalitarismo.

O nome genérico para esse movimento era trotskista ("trots-

kiita ou trotski-fascista, na terminologia das fileiras moscovitas).
Orwell nunca se disse seguidor de Leon Trótski, embora tenha
baseado nele a figura de Emmanuel Goldstein, o ultrajado herege
de *1984*, e tenha declarado, a respeito de suas próprias atividades
na Home Guard e como radical durante a Segunda Guerra Mundial: "A Inglaterra é, em certos aspectos, politicamente atrasada;
lemas extremistas não são transmitidos de uma parte a outra
como nos países continentais, mas o sentimento de todos os verdadeiros patriotas e de todos os verdadeiros socialistas, no fundo, pode ser reduzido ao lema trotskista: 'A guerra e a revolução
são inseparáveis'". Essa deve ser a forma mais inglesa em que o
trotskismo cosmopolita e subversivo já foi expresso; a tentativa de
Orwell de associar o líder dos sovietes de Petrogrado aos baluartes do *Dad's Army** quase chega a ser cômica. Não é realmente
cômica porque havia mesmo uma revolução social e anticolonial simultânea à guerra: uma revolução reconhecidamente em
câmara lenta na qual Orwell teve um papel honroso. E não é de
fato cômica porque o edifício da obra orwelliana, tão identificado
com robustas virtudes inglesas, deve muito à tácita Internacional
dos oposicionistas perseguidos que enfrentaram a "meia-noite
do século" — o aperto de mão entre Hitler e Stálin.

Nas cartas e no jornalismo de Orwell encontramos referências sagazes e bem informadas a várias dessas figuras: Victor Serge, um dos primeiros a testemunhar em primeira mão a Revolução Russa e depois ver a direção para a qual ela pendia; C. L. R.
James, o gênio literário de Trinidad e Tobago que escreveu *Black
Jacobins* [*Os jacobinos negros*], uma história da revolução liderada
pelo ex-escravo Toussaint L'Ouverture no Haiti, depois teve uma

---

* Série cômica de televisão sobre membros da Home Guard britânica durante a
Segunda Guerra Mundial. (N. T.)

briga memorável com o Comintern e escreveu o melhor livro já publicado sobre a ética e a história do críquete; Boris Souvarine, historiador pioneiro do stalinismo; Panaït Istrati, um presciente analista da truculência cultural soviética. (Istrati escreveu a introdução da edição francesa de *Na pior em Paris e Londres* pouco antes de morrer, em 1935 — o título, *La vache enragée* [A vaca enfurecida], hoje pareceria bem curioso e evocativo a quem conheceu a ameaça da doença da vaca louca; ele deriva da expressão idiomática francesa *manger de la vache enragée*, que equivale a "comer o pão que o diabo amassou". E também era o título de uma revista satírica na Paris de uma época anterior, para a qual o próprio Toulouse-Lautrec fez um cartaz.)

Talvez exista algum tipo de alquimia ou química político-literária que assegure que o crítico certo note o livro certo ou que os intelectuais e os dissidentes certos entrem em contato uns com os outros: Orwell foi rápido em registrar o impacto de *Retour de l'URSS* [De volta da URSS], de Andre Gide, um dos primeiros livros de um autor que começara louvando o regime de Moscou e retornara enojado. Os editores da revista *Partisan Review*, uma brilhante miscelânea de intelectuais nova-iorquinos *freelance*, variada a ponto de incluir Dwight Macdonald e Philip Rahv, já haviam decidido fundir sua política antistalinista ao seu comprometimento com o modernismo literário quando começaram a procurar um colaborador no ultramar. Sua primeira escolha foi Orwell, que escreveu regularmente uma *London Letter* entre o período do Acordo de Munique e o fim da guerra. Gravemente enfermo nos últimos anos de sua vida, ele teve contato com a obra de David Rousset, um esquerdista francês dissidente cujo livro *L'univers concentrationnaire* foi a primeira tentativa literária de estabelecer o "campo" [de concentração], com todas as suas medonhas associações, como uma metáfora central das catástrofes morais do século. Foi pedido a Rousset que escrevesse o prefácio da edição francesa de *Lutando na Espanha* ou *A revolução dos bichos*; Orwell em certo período desejara a contribuição de André Malraux no primeiro desses dois livros, mas seu entusiasmo arrefeceu quando soube do apoio de Malraux ao regime do general De Gaulle.

Com respeito a questões práticas ou imediatas, encontramos a mesma clareza essencial. Orwell tinha por certo que ocorrera uma pavorosa fome coletiva na Ucrânia nos anos 1930, algo negado por muitos jornalistas, simpatizantes do comunismo como ele, que afirmavam ter estado no local. Em 1940 — um ano ruim — ele escreveu o seguinte sobre os poloneses:

> Em meio a uma enxurrada de livros sobre a Tchecoslováquia e a Espanha, não há muitos sobre a Polônia, e este livro traz à baila mais uma vez a dolorosa questão das pequenas nacionalidades. Aconteceu-me ter visto recentemente uma análise sobre o tema em um jornal de esquerda, sob o cabeçalho "Polônia fascista não merece sobreviver". A implicação era que o Estado da Polônia independente era tão ruim que a escravidão inequívoca instituída por Hitler era preferível. Ideias desse tipo sem dúvida estavam ganhando terreno no período entre a eclosão da guerra e junho de 1940. Na época da Frente Popular a opinião da esquerda estava empenhada em defender o louco caminho de Versailles, mas o pacto russo-germânico perturbou a ortodoxia "antifascista" dos anos precedentes. Tornou-se moda dizer que pequenas nacionalidades eram um estorvo e que a Polônia era "tão ruim" quanto a Alemanha nazista [...]. Mas, na verdade, o exército polonês combateu tanto tempo quanto o francês, com desvantagem muito maior, e os poloneses não trocaram de lado no meio da guerra. Na verdade, parece que essa nação de 30 milhões de almas, com sua longa tradição de luta contra o imperador e o tsar, merece sua independência em qualquer mundo onde a soberania nacional

seja possível. Como os tchecos, os poloneses hão de reerguer-se, embora a antiga vida feudal, com a capela privada no terreno do castelo e o guarda-caça que é irmão adotivo do barão, tenha desaparecido para sempre.

Pode-se notar que Orwell emprega o termo "almas", o que não é do seu feitio, mas também que, como de costume, ele se lembra de não romantizar as vítimas. Poucos meses antes de esse ensaio ter sido escrito para a revista *New Statesman*, o poeta W. H. Auden (que Orwell injustamente criticara) escrevera o sublime poema "1 de setembro de 1939". Nele, Auden descreve todo o mundo civilizado a jazer "indefeso na noite":

> *Mas salpicados por toda parte*
> *Irônicos pontos de luz*
> *Lampejam onde os Justos*
> *Trocam suas mensagens:** *

De certa forma, os sinais de Orwell foram captados e respondidos pelos que estavam em condições de recebê-los e retransmiti-los. Foi um sinal desse tipo que Czesław Miłosz ouviu na Polônia muitos anos depois, apesar de seu emissor original já ter morrido.

O mais próximo que Orwell chegou de qualquer coisa que se possa chamar de trotskismo foi na Espanha, onde ele foi ao Quartel Lênin em Barcelona e se alistou na milícia do Poum (Partido Obrero de Unificación Marxista, uma agremiação que, mesmo não sendo "trotskista", simpatizava com a oposição de esquerda). Mas Orwell deu esse passo em razão de uma casualidade re-

---

* No original: "Yet, dotted everywhere,/ Ironic points of light/ Flash out wherever the Just/ Exchange their messages:". (N. T.)

lativamente feliz: sua associação prévia com o britânico Partido Trabalhista Independente (PTI), que, criticando da esquerda o Partido Trabalhista, também adotava uma postura antistalinista. (Seu membro mais eminente era Fenner Brockway, que mais tarde foi parlamentar do Partido Trabalhista e célebre paladino da independência colonial.) A maioria dos antifascistas estrangeiros alistou-se nas Brigadas Internacionais, que operavam sob uma rigorosa disciplina do Partido Comunista, ou foi selecionada para integrá-las. O alistamento de Orwell em um grupo dissidente permitiu-lhe ver em primeira mão a verdadeira história da Catalunha, a história de uma revolução traída.

Este não é o lugar para contar a história toda. Mas a maioria dos cronistas e historiadores hoje concorda: em *Lutando na Espanha*, Orwell disse a verdade a respeito da subversão deliberada da República Espanhola pelos agentes de Stálin e sobre o modo especialmente impiedoso como eles tentaram destruir a esquerda independente da Catalunha. Acontece que Orwell foi testemunha ocular da tentativa de golpe comunista em Barcelona no começo de maio de 1937, e documentos disponibilizados recentemente pelo Arquivo Militar Soviético em Moscou deixam claro que, de fato, a intenção era dar um golpe de Estado total. Se o *putsch* fosse bem-sucedido, havia então planos para outro "julgamento-espetáculo" no estilo das maquinações de Moscou. Mesmo do modo como foi, o grande líder catalão Andrés Nin, fundador do Poum, foi sequestrado, selvagemente torturado e, recusando-se a ceder, assassinado. Porta-vozes dos comunistas anunciaram então que ele fugira para juntar-se aos nazistas.

Orwell nunca soube disso, mas se ele e sua mulher não houvessem fugido da Espanha com a polícia nos calcanhares, poderiam muito bem ter sido postos no banco dos réus e exibidos naquele mesmo julgamento-espetáculo. Um memorando encontrado nos arquivos da KGB (então conhecida como NKDV) com data de 13 de julho de 1937 descreve Orwell e Eileen O'Shaughnessy como "trotskistas declarados" que operavam com credenciais clandestinas. Afirma também, com o usual toque de fantasia surreal, que o par mantinha contato com círculos oposicionistas de Moscou. Tal acusação não teria sido brincadeira nas mãos de um interrogador, muito embora Orwell a menosprezasse em *Lutando na Espanha*. "Eu não era culpado de nenhum ato definido", escreveu, "e sim culpado de 'trotskismo'. O fato de eu ter servido na milícia do Poum era suficiente para me mandar para a prisão." Mais que suficiente, na verdade, se os dois houvessem atraído atenção. Orwell relata em um tom ligeiramente cômico e autodepreciativo a apreensão dos papéis e cartas no quarto de hotel de sua mulher, mas esses documentos, ele talvez se surpreenderia se soubesse, foram mais tarde atentamente examinados por Moscou. Amigos de Orwell, como George Kopp, o comandante de sua brigada, foram presos nas mais torpes condições e — no caso de Kopp prefigurando o pavoroso clímax de *1984* — submetidos à tortura de ser confinado junto com ratos. Outros, como o corajoso voluntário operário Bob Smillie, morreram pelos maus-tratos recebidos.[*]

"Uma voz é só o que tenho/ Para desfazer a mentira dobrada,/ A mentira romântica do cérebro/ Do homem comum sensual/ E a mentira da Autoridade/."[**] São palavras de Auden no poema "1 de setembro de 1939". Orwell quase não tinha voz quando deixou a Catalunha: uma bala fascista atravessara-lhe a garganta e lesara suas cordas vocais. Mas pelos dez anos seguintes de sua vida, que seriam os derradeiros, ele escreveu para tentar justificar

---

[*] Para um relato completo das revelações dos arquivos de Moscou e sua detalhada justificação das palavras de Orwell, ver minha introdução em *Orwell in Spain* (Penguin, 2001). (N. A.)

[**] No original: "All I have is a voice/ to undo the folded lie./ The romantic lie in the brain/ Of the sensual man-in-the-street/ And the lie of Authority/". (N. T.)

seus amigos espanhóis e sua causa. Convinha à Autoridade no Ocidente, e também a alguns homens comuns, sustentar que a guerra era o que parecia — a Espanha nacionalista católica de um lado e a Espanha "vermelha" anticlerical do outro. (Também convinha aos partidários de Stálin ser tomados por aquilo que diziam ser.) Orwell esteve, assim, em uma posição única e desafiadora para um escritor: sabia que todo o quadro era falso e que a história toda era mentira, e tinha apenas sua integridade como soldado e escritor para confirmá-lo. Seus comunicados vindos da Espanha eram quase impublicáveis — ganhou fama a recusa do *New Statesman* em divulgá-los porque poderiam desapontar o lado republicano —, e *Lutando na Espanha* foi um obscuro livro de colecionador durante toda a vida de Orwell. Mais importante para ele do que essas dificuldades foi a seguinte ideia, impressionante e intimidadora:

> Nunca será possível obter um relato totalmente preciso e imparcial da luta em Barcelona porque não existem os registros necessários. Os historiadores futuros nada terão em que se basear, exceto uma massa de acusações e propaganda partidária. Eu mesmo tenho poucos dados além daquilo que vi com meus próprios olhos e o que me foi contado por outras testemunhas oculares que acredito serem confiáveis [...].
>
> Esse tipo de coisa assusta-me, pois dá-me um sentimento frequente de que o próprio conceito de verdade objetiva está se esvaecendo no mundo. Afinal, a probabilidade é que essas mentiras, ou, enfim, mentiras semelhantes, passarão à história [...]. O objetivo implícito nessa linha de pensamento é um mundo de pesadelo no qual o Líder, ou alguma panelinha governante, controla não só o futuro mas também o *passado*. Se o Líder disser a respeito de um dado evento "Isso nunca aconteceu", então isso nunca aconteceu. Se ele disser que dois mais dois são cinco, então dois mais dois são cinco.

Mais uma vez vemos aqui a longa sombra de *1984*. E, de certa forma, a predição de Orwell cumpriu-se. A mentira realmente tornou-se aceita por algum tempo. Em 1971, na prestigiosa série "Modern Masters", que esteve muito na moda no mercado editorial, ninguém menos que Raymond Williams foi convidado a sintetizar a importância de Orwell para uma nova geração. E não houve protestos quando ele escreveu sobre *Lutando na Espanha*:

> A maioria dos historiadores acalenta a ideia de que a revolução — principalmente anarcossindicalista mas com a participação do Poum — foi um desvio irrelevante de uma guerra encarniçada. Alguns, na época e mais tarde, chegaram a descrevê-la como uma sabotagem deliberada do esforço de guerra. Apenas uns poucos argumentaram do outro lado, dizendo que a supressão da revolução pelo corpo principal das forças republicanas foi um ato de política do poder relacionado à política soviética, que equivaleu a trair a causa pela qual lutava o povo espanhol.

Esse breve e insípido parágrafo consegue ser repleto de desonestidade e evasão engenhosas. As palavras "a maioria dos historiadores" não têm sentido; não existe e nunca existiu tal consenso. Não nos é informado quais "historiadores" concluem que Nin e Orwell foram sabotadores deliberados; em outras palavras, que eram fascistas ou simpatizantes do fascismo. A terceira posição possível, atribuída apenas a "uns poucos", é expressa com o máximo de eufemismo. "Supressão" é um termo bem mais simpático do que assassinato, tortura ou julgamento fraudulento. "O corpo principal das forças republicanas" soa bem, ainda que seja deliberadamente vago. "Política do poder" é um modo neutro de dizer *realpolitik*; dá a impressão de uma necessidade dura mas lamentável. E que dizer de "relacionado à política soviética"? Uma pequena obra-prima de diluição da verdade, destinada a obscurecer até mesmo a ideia de Stálin e seus esquadrões da morte. Sobre as mortes de maio de 1937 em Barcelona, Williams escreve, duas páginas adiante, que elas ocorreram "em nome da luta contra o fascismo e, como diz a maioria dos relatos, em nome da verdadeira causa do socialismo e do povo". Novamente a sub-reptícia e débil menção à inexistente "maioria dos historiadores". Esse é o tipo de burocratês, combinado a corrupção intelectual, que Orwell descrevera em 1945 no ensaio "Politics and the English language": "A linguagem política — e com variações isso vale para todos os partidos políticos, dos conservadores aos anarquistas — é moldada para fazer mentiras soarem como verdades, dar respeitabilidade ao assassinato e aparência de solidez a puro vento".

Escrevendo sobre *1984*, Williams foi ainda pior. Com obtusidade quase deliberada, ele afirmou:

> É necessário dizer, por mais lamentável que seja, que, se a tirania de *1984* algum dia finalmente chegar, um dos principais elementos da preparação ideológica terá sido justamente esse modo de ver "as massas", "os seres humanos que passam por nós na calçada", os oitenta e cinco por cento que são *proletas.*

Não contente em atribuir as ideias de Winston Smith a seu criador — estremeço pelos alunos de Williams em Cambridge se não forem ensinados a evitar esse erro de calouro —, Williams também culpa Orwell por, digamos assim, *recomendar* o caminho da capitulação e traição que Smith segue quando finalmente é subjugado e trai Julia na Sala 101. Na visão de Williams,

> *Sob a ramada da castanheira,*
> *Vendi você, e você a mim após.*

Ele [Orwell] pode descrever isso acuradamente como "uma nota estranha, fragmentada, um clangor [...] uma nota amarela", mas ainda assim *é o que ele faz acontecer*. O sinistro *jingle* da competição frenética, que em formas semelhantes temos ouvido desde então das secretarias e partidos, remete diretamente ao pesadelo com o rato na Sala 101. É claro que pessoas sucumbem à tortura, mas nem todas o fazem [grifo meu].

É de pasmar. Orwell *faz isso acontecer?* O rato da Sala 101 é um roedor produzido pela sociedade *de consumo?* E além dessa atitude ressentida e subletrada espreita algo pior: obviamente pessoas sucumbem à tortura, pois se assim não fosse os julgamentos stalinistas em Moscou nos anos 1930 e em Praga, Budapeste e Sofia na década seguinte não teriam sido possíveis (e suas "evidências" não teriam sido engolidas por intelectuais como Williams). E sim, com certeza, nem todas as pessoas sucumbem; Andrés Nin não capitulou, por isso os julgamentos stalinistas na Espanha não ocorreram ou, onde foram tentados, fracassaram de forma vergonhosa. Mas quem tem o direito de fazer essa nobre observação? George Orwell, que invariavelmente se opôs a tais métodos, ou Raymond Williams, o sobrestimado decano dos estudos culturais e do inglês de Cambridge, que nunca proferiu uma única palavra franca a respeito deles?

Entrevistando Williams de joelhos em 1979, os editores da *New Left Review* declararam presunçosamente que "*1984* será uma curiosidade em 1984". Para concluir eu gostaria de apresentar três refutações práticas, e não argumentativas, a essa opinião; três argumentos, se o leitor preferir, nascidos da experiência.

Nos derradeiros meses do século xx, dei um jeito de obter um visto para entrar na Coreia do Norte. Designada por muitos como "o último Estado stalinista do mundo", a Coreia do Norte pode também facilmente ser apontada como o protótipo mundial do Estado stalinista. Fundada sob a proteção de Stálin e Mao e tornada ainda mais hermética e isolada por uma península repartida que, por assim dizer, "trancou-a em si mesma", no final do ano 2000 a República Democrática Popular da Coreia ainda ostentava as características enumeradas a seguir. Em cada edifício público uma gigantesca figura do "Grande Líder" Kim Il Sung, o defunto que ainda detém o cargo de presidente num governo que, por isso, pode ser chamado de necrocracia ou mausolocracia. (Todos os outros postos de máxima autoridade são ocupados por seu filho, "O Estimado Líder" Kim Jong Il — o "Grande Irmão" era também uma perversão de valores familiares.) Crianças marcham em formação para a escola, entoando canções em louvor do mencionado Líder. Fotografias do Líder exibidas obrigatoriamente em todas as casas. Um broche de lapela com as feições do Líder, de uso obrigatório para todos os cidadãos. Alto-falantes e rádios transmitindo continuamente propaganda do Líder e do Partido. Uma sociedade interminavelmente mobilizada para a guerra, com propaganda histérica e — no que diz respeito a estrangeiros e potências estrangeiras — intensamente chauvinista e xenofóbica. Proibição total de notícias do exterior e de contato com outros países. Insistência absoluta, em todos os livros e em todas as publicações, sobre uma visão unânime de um passado miserável, um presente laborioso e um futuro radiante. Repetidos boletins com notícias totalmente falsas sobre testes de mísseis bem-sucedidos e magníficas metas de produção. Clima generalizado de escassez e fome, mitigadas apenas por alimentos abomináveis e em quantidades limitadas. Arquitetura suntuosa e opressiva. Contínua ênfase em esportes e exercícios em massa. Aparentemente total repressão a tudo o que se relacione a libido. Jornais sem notícias, lojas sem mercadorias e aeroporto quase sem aviões. Uma vasta rede de túneis no subsolo da capital, ligando diferentes *bunkers* do partido, da polícia e das Forças Armadas.

Obviamente só havia uma palavra para designar tudo isso, e ela era empregada por todos os jornalistas, todos os diplomatas e todos os visitantes estrangeiros. Foi a única vez na minha vida de escritor em que me cansei do termo "orwelliano". Em alguns aspectos, o pesadelo norte-coreano fica aquém da distopia de Orwell: o governo é demasiado pobre e ineficiente para fornecer teletelas e até rádios à maioria de seus súditos. Em alguns aspectos, porém, é infinitamente mais proibitivo: Winston e Julia não teriam a menor chance de desfrutar um momento de prazer privado no campo, muito menos de alugar um quartinho imundo numa parte anônima da cidade. Mas existem realmente sessões de "ódio" durante as pausas nas fábricas e escritórios; numa noite de "jogos coletivos" mostraram-me, em uma hipnotizante série de cartões, a horrenda imagem de um carrancudo soldado "inimigo" arremetendo na minha direção, substituído ao final pela refulgente e tranquilizadora face do Grande Líder. Esses são detalhes; totalmente inconfundível era o clima de uma sociedade na qual a vida individual é *absolutamente sem sentido* e onde tudo o que não é absolutamente compulsório é absolutamente proibido. A esqualidez e o mal-estar resultantes seriam quase impossíveis de descrever sem nos reportarmos a certo romance breve que meio século atrás foi composto a toque de caixa numa velha máquina de escrever por um radical inglês moribundo.

Nunca houve informes sobre dissidentes na Coreia do Norte — houve alguns desertores, é claro, como até O Partido em *1984* admitia prontamente, o que é bom para se organizarem caças a traidores — e até hoje quase nada sabemos a respeito das prisões secretas e dos remotos campos de detenção no país. Mas uma predição que faço é que os descobriremos antes que este meu livro vá para a prateleira de descontos. Outra predição que faço com confiança é que virá à luz a existência de indivíduos coreanos que sempre mantiveram vivo algum fiapo de cultura. E a última predição é a mais fácil: haverá uma nova edição coreana de *1984*.

Meu segundo relato é ao mesmo tempo amargo e doce. Desde a revolta dos colonizadores brancos na Rodésia do Sul em 1965, eu vinha fazendo contato com os brancos e negros que defendiam a independência e o governo da maioria. Fiz várias visitas ao país e entrevistei muitos líderes guerrilheiros no exílio, dentre os quais o mais destacado foi Robert Mugabe. Sua decisiva vitória eleitoral em 1980, que transformou a Rodésia no Zimbábue, foi uma prelibação do triunfo posterior de Nelson Mandela. Mas a abolição do racismo e o fim do governo colonial foram sucedidos por uma guerra suja em Matabeleland contra os partidários do rival de Mugabe, Joshua Nkomo, e pela entrega de propriedades agrícolas confiscadas a partidários leais ao regime. Exibindo sinais de megalomania, especialmente após a trágica morte de sua mulher, o sr. Mugabe formou uma "brigada jovem" e a batizou como Movimento 21 de Fevereiro em honra ao dia de seu aniversário. Convidou "assessores" norte-coreanos para treinar seu exército. E empregou táticas de esquadrão da morte contra a oposição democrática, que se baseava no movimento sindical do Zimbábue.

Assim, em junho de 2001, quando o jornal oposicionista *Daily News* começou a publicar em série *A revolução dos bichos*, ninguém precisou que a piada fosse explicada. Napoleão, o porco maquinador e impiedoso que decreta feriado no dia de seu aniversário e reserva o leite e a cerveja para seus colegas suínos, foi retratado no jornal usando óculos pretos de aros grossos como os de Mugabe. Geoffrey Nyarota, o editor-chefe do jornal, comentou: "*A revolução dos bichos* não é só relevante, mas também pertinente ao Zimbábue. Os animais, no livro, conquistaram a independência agindo juntos. Mas com o passar do tempo alguns inebriaram-se com o poder". As livrarias de Harare, a capital, não davam conta da demanda pelo clássico de Orwell, e a procura aumentou ainda mais quando as máquinas do *Daily News* foram destruídas por uma mina antitanque de um tipo ao qual civis não têm acesso.

Meu terceiro caso é mais breve e mais agradável. Em 1998, próximo à zona portuária de Barcelona, uma praça despojada recebeu o nome de "Plaça George Orwell" em uma cerimônia organizada pelo prefeito socialista, Pasqual Maragall. Mais ou menos na mesma época, na cidade catalã de Can Rull, uma rua recebeu o nome de Andrés Nin, fundador do Poum. (Neste caso a autoridade que presidiu a cerimônia era membro do Partido Comunista.) Reconhecimento atrasado no primeiro caso; reparação tardia, talvez, no segundo. Mas nessas ocasiões singelas, ausentes os desfiles de banda, as continências organizadas e os pequenos mas desagradavelmente barulhentos oradores em tribunas imponentes, podemos sentir certo alento, e não se trata apenas de passadismo. A Catalunha libertou-se do fascismo contra o qual Orwell lutou e ao qual nunca se submeteu. (Nos anos de Franco até a língua catalã foi proibida.) Fez isso graças a uma luta prolongada e nobre, e substituiu o fascismo por um sistema democrático e pluralista com fortes tons radicais e esquerdistas. Talvez mais importante, porém, seja o fato de que a Catalunha resgatou sua história e seus registros de anos de falsificação e negação. Hoje nem mesmo os comunistas catalãos fingem acreditar nas mentiras do passado. Andrés Nin, reverenciado na Catalunha como um grande revolucionário e um mártir (ele talvez não gostasse desse termo), também está disponível para os alunos e os estudiosos catalãos como o tradutor de *Anna Karenina* e *Crime e castigo* em sua língua antes proibida. Quão apropriado que um marxista verdadeiramente culto, torturado e assassinado por ordem de Stálin, tenha preservado a literatura russa contra o filistinismo de Stálin e inspirado uma de suas maiores derrotas póstumas!

Um triunfo para a integridade da história e da língua, para a causa dos trabalhadores, dos oprimidos e do intelectual livre-

-pensador, a homenagem da Catalunha a George Orwell é mais do que tínhamos o direito de esperar. As homenagens despretensiosas e informais com nomes de localidades em Barcelona sintetizaram muito da grandeza moral da esquerda. O marxismo no século xx realmente produziu seus Andrés Nins e seus Kim Il Sungs. É mais do que uma ironia que tantos dos que se intitulam esquerdistas tenham sido ou demasiado estúpidos ou demasiado comprometidos para reconhecer isso, ou ainda confusos o bastante para preferir o segundo exemplo ao primeiro.

3. Orwell e a direita

Sete ricas cidades competem pela morte de Homero,
Nas quais o Homero vivo mendigou seu pão […]
Thomas Seward

A atitude dos intelectuais e críticos conservadores para com a vida e a obra de Orwell tem sido oscilante e desigual; ainda assim é correto dizer que foram feitas várias tentativas de "usá-lo" e até de anexá-lo totalmente. Isso é uma espécie de cumprimento, embora não possa ter pretensões de elevar-se à singela graça do tributo da Catalunha.

É verdade, aparentemente, que Orwell foi um dos pioneiros do anticomunismo, que teve um forte sentimento patriótico e um poderosíssimo instinto para o que podemos chamar de o certo e o errado elementares; é verdade que desprezava o governo e a burocracia e que era um resoluto individualista, que desconfiava de intelectuais e acadêmicos e tinha fé na sabedoria popular; é verdade que apoiava uma ortodoxia um tanto tradicional nas questões de sexo e moral, que desprezava homossexuais e condenava o aborto; e é verdade que parece ter sido defensor da posse de armas por civis. Além disso, preferia o campo à cidade e os poemas que rimavam.

Dessa ossada esparsa é possível reconstituir com certa facilidade (mas com alguma precipitação) o esqueleto de um ríspido "Home Counties Tory".* O mero fato de Orwell ter passado toda a vida adulta repudiando conscientemente esse destino e essa identidade pode ser atribuído a uma educação falha ou talvez a um mau gênio inato. A sanidade essencial haveria por fim de emergir — o que de fato ocorreu. Uma vida inteira de autoeducação na direção oposta desperta pouco interesse.

Essa minha descrição é, espero, apenas ligeiramente caricata. Há nos escritos de Orwell, com razoável grau de certeza, uma percepção dividida de que as duas coisas que ele mais prezava, isto é, a liberdade e a igualdade, não eram aliadas naturais. O surgimento de "uma sociedade de seres humanos livres e iguais" — provavelmente sua mais frequente declaração de seu supremo objetivo — parecia improvável em uma cultura de *laissez-faire*, muito menos em uma cultura de *laissez-faire* sobreposta, como era a Grã-Bretanha de sua época, a uma cultura colonial e dirigista. No entanto, era óbvio que as medidas de planejamento, tributação e regulação requeridas para fazer a transição poderiam facilmente resultar em um Estado superpoderoso com ideias de grandiosidade. Não há tanta novidade nessa contradição; Orwell apenas a registrou com grande acurácia. É por isso que ele admirava a espontânea *fraternidade* — o outro termo da tríade de 1789 — das forças republicanas espanholas e catalãs. Também é por isso que tinha grande esperança na sabedoria e decência nativas

---

* Estereótipo do inglês branco de classe média e conservador. (N. T.)

dos britânicos, ou, melhor dizendo, dos ingleses, cujas qualidades, a seu ver, poderiam resolver o problema sem muitas dificuldades práticas ou teóricas. (Isto, por sua vez, é ainda outra razão do desprezo que lhe têm muitos da esquerda, que abominam, ou pelo menos abominavam, a singeleza do empirismo inglês.)

A mais clara exposição dessa percepção dividida encontra-se na resenha de Orwell para *O caminho da servidão*, de Friedrich August von Hayek. Quando esse breve livro foi publicado pela primeira vez, em 1944, poucas pessoas seriam capazes de prever a influência que ele viria a ter. Hayek, um economista político da escola austríaca, estabelecera residência na Inglaterra e, por uma ironia do destino, mais tarde sucederia Harold Laski, velho inimigo de George Orwell, na cátedra da London School of Economics. A maioria considerou calamitoso seu conselho ao Partido Conservador na eleição geral de 1945, pois encorajou Winston Churchill a proferir um discurso tremendamente irrefletido alertando que a implementação do projeto trabalhista para a área de bem-estar social requereria métodos no estilo da "Gestapo". Isso destoou do espírito da época, e os tóris britânicos permaneceriam nervosamente social-democratas até fins dos anos 1970, quando Margaret Thatcher rompeu o consenso político. Dentre os assessores e mentores escolhidos por Thatcher, estava Hayek, que exercera uma incalculável influência sobre o reavivamento da teoria do livre mercado na Europa e na América. (Lembro-me da minha surpresa em 1977, quando ouvi Hayek ser elogiado pelo dissidente iugoslavo Milovan Djilas em Belgrado.)

A resenha de *O caminho da servidão* por Orwell, publicada no jornal *Observer*, quase poderia ter sido o esboço de onde Churchill extraiu seu discurso posterior:

Em poucas palavras, a tese do professor Hayek é que o socialismo inevitavelmente leva ao despotismo e que na Alemanha os nazistas tiveram êxito porque os socialistas já haviam feito a maior parte do trabalho para eles: especialmente o trabalho intelectual de enfraquecer o desejo de liberdade. Sujeitando todos os aspectos da vida ao controle do Estado, o socialismo necessariamente dá poder a um núcleo de burocratas, os quais em quase todos os casos serão homens que desejam o poder em si mesmo e não se deterão diante de coisa alguma para conservá-lo. A Grã-Bretanha, diz ele, agora vai pelo mesmo caminho que a Alemanha, com a *intelligentsia* esquerdista na vanguarda e o Partido Tóri em um bom segundo lugar. A única salvação está em voltar a uma economia não planejada, à livre concorrência e à ênfase na liberdade em vez de na segurança.

Na parte negativa da tese do professor Hayek há uma grande parcela de verdade. Nunca é demais repetir — de fato, nem ao menos foi repetido o suficiente — que o coletivismo não é inerentemente democrático, mas, ao contrário, dá a uma tirânica minoria poderes com os quais a Inquisição espanhola jamais sonhou.

(Faço aqui uma pausa para ressaltar o modo como Orwell, na última frase, conseguiu esquivar-se e contornar habilmente o impacto do iminente clichê.) Em seguida ele apresentou algumas objeções claras contra Hayek a respeito da relação entre a livre concorrência e o monopólio e da preferência da maioria por uma "organização estatal" equitativa às favelas e ao desemprego; no entanto, fica evidente em vários outros ensaios desse período que a associação entre coletivismo e despotismo estava sempre incomodando alguma parte de sua mente. Seu político socialista favorito era o grande Aneurin Bevan, seu editor no *Tribune*, homem de vasta cultura que abominava todas as formas de autoritarismo e, mesmo quando combatia um arraigado *lobby* da área médica em seu esforço para criar o Serviço Nacional de Saúde, comentou que o movimento socialista era o único movimento na história humana que buscava chegar ao poder para entregá-lo. Para Orwell, havia sempre a esperança de que os socialistas poderiam ser a favor da liberdade, mesmo se o socialismo em si contivesse tendências burocráticas e autoritárias.

Foi sua honestidade quanto a esse paradoxo ou contradição que o levou a escrever *1984* como uma parábola ou fantasia acautelatória na qual o Socing — Socialismo Inglês — era o termo da novafala para designar a ideologia dominante. Teria sido muito fácil para ele evitar esse dilema. Em fins dos anos 1940, um romance distópico baseado nos famigerados horrores do Nacional Socialismo provavelmente teria sido muito bem recebido. Só que não teria feito coisa alguma para sacudir a tolerância dos intelectuais do Ocidente com o sistema de terror estatal para o qual, na época, tantos deles eram cegos ou pelo qual sentiam alguma simpatia.

Na melhor das hipóteses, o revisionista conservador pode ter pretensão a uma diminuta parcela da linhagem orwelliana quando o assunto é economia política. O aspecto mais frequentemente reiterado nos escritos de Orwell é o alerta de que não deve haver um *trade-off* utilitário entre *liberdade* e *segurança*. (Pode-se notar, em suas palavras sobre Hayek, que ele menciona essa barganha faustiana como algo que atrai fortemente as massas, mas não a ele mesmo.) No entanto, ele escreveu naquela época já quase esquecida em que Keynes era considerado um mero liberal e na qual muitos tóris suspeitavam de que o *laissez-faire* desaparecera para sempre. Mesmo então Orwell foi um libertário antes que a ideia ganhasse terreno.

O leitor conservador tem o direito de dizer que, quando criticou a não ficção de Hayek e escreveu ficção, Orwell fez a necessária deserção intelectual da esquerda. Mas temos a negação deliberada e refletida dessa interpretação pelo próprio Orwell. Ele deixou várias declarações, das quais a mais inequívoca foi enviada ao sindicalista Francis Henson, da United Automobile Workers Union. Henson visitara Orwell em 1946 para falar-lhe sobre um novo Comitê Internacional de Salvamento e Ajuda, e Orwell empolgou-se o suficiente para escrever a Arthur Koestler recomendando a entidade. Seu objetivo era:

> dar assistência a vítimas do totalitarismo, particularmente nos aspectos de conceder auxílio aos destituídos, ajudar refugiados políticos a sair de território totalitário etc. Ele me deixou muito claro que se trata de uma organização decididamente não stalinista, que eles sabem tudo sobre os métodos stalinistas e os estão mantendo fora disso, e que a organização é antistalinista, tanto assim que a maioria das pessoas que eles auxiliam é trotskista etc.

Entre outros possíveis contatos para esse trabalho, ele anexou o endereço de Victor Serge no México.

Três anos depois, quando o *Daily News* nova-iorquino, o menos literário dos jornais, publicou um editorial descrevendo *1984* como um ataque ao governo trabalhista britânico, Francis Henson pediu a Orwell que fizesse uma declaração, e Orwell escreveu:

> Meu novo romance *não* pretende ser um ataque ao socialismo nem ao Partido Trabalhista Britânico (o qual apoio), e sim desmascarar as perversões a que está sujeita uma economia centralizada e que já se concretizaram parcialmente no comunismo e no fascismo [...]. A ambientação do livro é na Grã-Bretanha para salientar que os povos falantes do inglês não são congenitamente melhores do que quaisquer outros e que o totalitarismo, *se não for combatido*, poderá triunfar em qualquer lugar.

O governo trabalhista, afinal, acabara de negociar uma independência razoavelmente honrosa para a Índia e a Birmânia, decisão que os socialistas vinham exigindo fazia algum tempo (e que poderia ter sido concretizada de modo melhor se seguisse um cronograma socialista em vez dos ritmos agonizantes do esgotamento imperial, com seus desfiguradores acompanhamentos da saída às pressas e partilha). Não obstante essa elaborada refutação ou *démenti*, autores necessitados de alguma solução rápida continuaram a usar até mesmo o desgastado trabalhismo de fins dos anos 1970 como gabarito para empreitadas literárias suborwellianas. O livro de Anthony Burgess publicado em 1978 com o título *1985* tinha, em vez de Faixa Aérea Um, um país chamado Tuclândia para os dirigentes e militantes do TUC [sigla da Confederação Sindical do Comércio]. Em sua distopia, todos os hotéis pertencem a árabes, por isso têm nomes como Al-Dorchester e até, sinto dizer, Al-Idayinn; ferozes gangues predadoras são chamadas de Kumina, que em suaíli significa "adolescente"; a população comunica-se em uma língua rude e tosca. Até Robert Conquest escreveu um poema intitulado "1974: Ten years to go" [1974: faltam dez anos], para o qual foram recrutadas as ameaçadoras figuras de Tony Benn,* do TUC (novamente), dos estudantes da Liga Espartaquista** e do IRA. Se na época elas já não eram assim tão assustadoras, hoje parecem quase graciosamente antiquadas. Há uma diferença estética, além de ideológica, entre uma república de banana não industrializada e um hermético terror de Estado; a insistência de Orwell na distinção era justa e necessária.

Para os conservadores, é supérfluo apontar Orwell como aliado na Guerra Fria. Ele já lutava contra ela quando a maioria

---

* Político social-democrata britânico com fama de esquerdista radical nos anos 1960 e 1970. (N. T.)

** Movimento de esquerda, marxista e revolucionário atuante na Alemanha no período da Primeira Guerra Mundial. (N. T.)

dos tóris ainda louvava a galante aliada britânica, a União Soviética. Aliás, atribui-se a Orwell a cunhagem do termo "guerra fria", em um parágrafo que merece ser citado. Em 19 de outubro de 1945, em um ensaio intitulado "You and the atom bomb", ele chamou a atenção para os perigos militares e políticos inerentes a uma arma que, além de seu poder sem precedentes de aniquilar inocentes, também podia ser usada apenas por uma elite:

> Podemos estar rumando não para um colapso geral, mas para uma época tão horrivelmente estável quanto os impérios escravistas da Antiguidade. A teoria de James Burnham foi muito debatida, mas poucos até agora refletiram sobre suas implicações ideológicas: ou seja, o tipo de visão do mundo, o tipo de convicções e de estrutura social que provavelmente prevaleceriam em um Estado que ao mesmo tempo fosse *inconquistável* e estivesse em uma permanente "guerra fria" contra seus vizinhos.

Mesmo nesse fragmento pode-se ver que Orwell não concebia a Guerra Fria como uma luta unidimensional contra a ameaça totalitária, e sim como uma competição (equilibrada demais) entre superpotências, na qual o perigo da aniquilação poderia ser usado para petrificar e imobilizar a dissidência. Ele defendeu esse mesmo argumento mais pormenorizadamente em 13 de dezembro de 1946:

> 1. Os russos, não importa o que possam dizer, não concordarão com uma verdadeira inspeção de seus territórios por observadores estrangeiros.
> 2. Os americanos, não importa o que possam dizer, não deixarão escapar a liderança tecnológica em armamentos.
> 3. Nenhum país hoje está em condições de combater em uma guerra generalizada.

Fazendo uma raramente observada distinção (entre a Guerra Fria e a corrida armamentista ou, se preferirmos, entre a stalinização da Europa Oriental e as ambições globais dos Estados Unidos), Orwell separou duas linhas que se tornariam fatalmente emaranhadas em muitas mentes. Ele pôde sentir os princípios da economia de guerra permanente e já sabia dos usos que podiam ser dados a uma propaganda de guerra permanente. Essa, obviamente, é a razão por que o hediondo mundo de *1984* é viabilizado por uma constante e mutável hostilidade entre três superpotências regionais. (Também é possibilitado — um detalhe raramente salientado — quando ocorre em um país que já sofreu um "*nuclear exchange*" [conflito nuclear limitado], usando aqui de empréstimo um eufemismo moderno cretino que Orwell teria desprezado.) Quando Nixon e Kissinger foram à China, país que haviam ameaçado mais de uma vez com um ataque nuclear, e proclamaram que Washington e Pequim seriam doravante aliados contra o império soviético, eu já lera essa notícia porque havia estudado as abruptas trocas de aliança entre Oceania, Eurásia e Lestásia.

Orwell fez mais do que inventar a expressão "guerra fria". Ele foi, em certo sentido, um "guerreiro frio" pioneiro. Durante toda a década de 1940, existira uma conspiração do silêncio entre as autoridades sobre o destino de aproximadamente 10 mil oficiais poloneses, assassinados nas florestas próximas de Katin com tiros na nuca disparados individualmente por agentes da polícia secreta soviética. Mencionar essa atrocidade, mesmo quando relatos bem documentados vieram à luz, era considerado má política. O exército alemão invasor, que posteriormente revelou o crime, foi acusado de tê-lo cometido (e inclusive foi responsabilizado por advogados soviéticos no julgamento de Nuremberg). Orwell, com Arthur Koestler e alguns outros, procurou divulgar o ocorrido durante a guerra e depois dela, mas deparou com a indiferença oficial e até com o conluio dos altos escalões do governo com a mentira soviética. O clima moral em torno do incidente foi bem captado por Anthony Powell em seu romance *The military philosophers*, parte da trilogia de guerra "Dance to the music of time". As autoridades britânicas, tanto os trabalhistas como os conservadores, recusaram-se a reconhecer a culpa dos soviéticos no caso até julho de 1988 por medo de "esquentar a Guerra Fria". A Federação Russa aceitou oficialmente a responsabilidade em 1990...

Mas podemos ilustrar facilmente a diferença essencial entre Orwell e a evolução da Guerra Fria como uma ortodoxia política do Ocidente mencionando a marcante discordância de Orwell com três renomados anticomunistas: T. S. Eliot, James Burnham e — a uma distância póstuma — Norman Podhoretz.

Não consigo ler a correspondência entre Orwell e Eliot sem perceber um profundo desprezo. De um lado, o de Orwell, ela consiste em uma série de convites cordiais e generosos: para Eliot fazer programas de rádio para a Índia ou ler suas obras para ouvintes indianos, almoçar com Orwell nas vizinhanças do *pub* Fitzroy, jantar e pernoitar (dependendo das condições da *blitz*) na nova casa de Orwell. Do lado de Eliot, só consegui localizar algumas sovinas notas formais, geralmente recusando a mão estendida ou alegando compromissos prévios. Essa correspondência culmina em uma carta de 13 de julho de 1944, redigida no escritório de Eliot na editora Faber and Faber, na qual ele era então um influente editor.

Orwell já alertara Eliot de que seu manuscrito de *A revolução dos bichos* — além de estar meio amassado porque sobrevivera a um bombardeio nazista em sua casa — tinha um "significado que não é aceitável neste momento, mas não pude concordar em fazer alterações de qualquer tipo, exceto uma pequena modificação no final, que eu pretendia mesmo fazer. Cape [o editor] ou o

MOI [Ministério da Informação], não consegui deduzir qual dos dois, com base nos dizeres da carta, deu a sugestão imbecil de que algum outro animal em vez do porco fosse usado para representar os bolcheviques [...]".

Na resposta, Eliot baseou-se na mesma "sugestão imbecil" para fazer outra. Sobre o livro, ele escreveu:

> Ele deveria despertar simpatia pelo que o autor deseja, além de simpatia pelas suas objeções a alguma coisa: e o ponto de vista positivo, que vejo como geralmente trotskista, não é convincente [...]. Afinal, seus porcos são muito mais inteligentes do que os outros animais, sendo portanto os mais bem qualificados para dirigir a granja — a verdade é que não poderia existir uma Granja dos Bichos sem eles. Portanto, o que era preciso (alguém poderia argumentar) não era mais comunismo, e sim porcos com mais espírito público.

O disparate dessa opinião não é tão extremo quanto o da editora nova-iorquina Dial Press (que devolveu o manuscrito com o assombroso comentário de que histórias sobre animais não eram de interesse comercial nos Estados Unidos — e isso numa época em que os Estados Unidos já eram domínio de Walt Disney). Tampouco foi tão abjetamente covarde quanto a carta de Jonathan Cape, que admitiu com franqueza ter pedido conselho a "uma autoridade importante do Ministério da Informação" — ver capítulo 7 adiante — e acrescentou que "a escolha dos porcos como a casta governante sem dúvida ofenderá muita gente, em especial os que forem um tanto melindrosos como sem dúvida são os russos". Esse, pelo menos, tem o mérito da sinceridade. O inequivocamente "esquerdista" Victor Gollancz recusara-se, é claro, a publicar o livro por evidentes razões ideológicas. A obra acabou vindo a público em uma limitadíssima edição publicada pela Secker & Warburg, que pagou ao autor um adiantamento de 45 libras esterlinas.

Havia, contudo, como Orwell já sabia, uma cultura política alternativa nas ruínas da Europa pós-fascista e semistalinizada. E não demorou muito para que ele tivesse notícias dela. Em abril de 1946, recebeu uma carta de um refugiado ucraniano chamado Ihor Szewczenko, que estava trabalhando entre os muitos ex-prisioneiros de guerra e desalojados espalhados pelos campos da Alemanha. Embora posteriormente ascendesse à cátedra de Estudos Bizantinos em Harvard e modificasse seu nome para Ševčenko, esse homem era, na época, um refugiado sem pátria que aprendera inglês como autodidata ouvindo a BBC. Ele escreveu:

> Em várias ocasiões, traduzi *ex abrupto* diferentes trechos de *A revolução dos bichos*. Refugiados soviéticos eram meus ouvintes. O efeito era impressionante. Eles aprovavam quase todas as suas interpretações. Sensibilizavam-se profundamente com cenas como a dos animais cantando "Bichos da Inglaterra" no morro. Nisso eu via que, apesar de terem a atenção mais concentrada em detectar "concordâncias" entre a história e a realidade em que viviam, eles reagiam vividamente aos valores "absolutos" do livro, aos "tipos" da história, às convicções básicas do autor etc. Além disso, o tom do livro parecia corresponder ao estado de espírito deles naquele momento.

Em uma carta subsequente, Szewczenko forneceu a Orwell alguns dados sobre seu público em potencial, caso ele concordasse com uma edição ucraniana do livro. Aqueles ex-prisioneiros de campos e aqueles soldados, disse Szewczenko, passaram a opor-se ao "bonapartismo contrarrevolucionário [de] Stálin e à exploração nacionalista russa do povo ucraniano; a convicção deles é que a revolução contribuirá para o desenvolvimento nacional pleno. O esforço socialista britânico (que interpretam ao pé da letra) é de sumo interesse e importância, eles dizem. A situação em que se encontram, bem como seu passado, leva-os a simpatizar com os trotskistas, embora haja várias diferenças entre eles [...] RB não está sendo publicado por Joneses ucranianos". Refletindo sobre o episódio muitos anos depois, Szewczenko escreveu: "Aqueles tempos pós-guerra, combinados à dominação da Polônia pelos soviéticos, viram uma aproximação entre intelectuais poloneses liberais ou de esquerda e seus (poucos) colegas ucranianos — pois os dois lados perceberam que estavam sendo devorados pelo mesmo animal".

Portanto, os sobreviventes da fome na Ucrânia, dos expurgos, da invasão nazista, da guerra e da subsequente expansão do stalinismo para o Leste Europeu puderam decifrar o significado dos porcos (e do nome Napoleão) sem grandes dificuldades — um exercício de interpretação que derrotara a mais hábil e sofisticada classe dos críticos literários conservadores. Orwell escreveu sua única introdução ao romance especialmente para a edição ucraniana e foi, nessa mesma época, assediado por ofertas para traduzi-lo para o letão, o sérvio e outros idiomas. (Ele disse a seu agente que não cobrasse por essas publicações.) O destino de grande parte da edição ucraniana foi triste. Ela alcançou certo número de leitores, mas a maioria dos exemplares foi apreendida por autoridades militares americanas na Alemanha, que as entregou ao Exército Vermelho para destruição. Não era só o Ministério da Informação britânico que considerava o *amour-propre* de Stálin o principal alvo de apaziguamento naqueles dias.

Uma observação para finalizar: Malcolm Muggeridge e Herbert Read escreveram a Orwell que, embora houvessem apreciado os elementos swiftianos e satíricos de *A revolução dos bichos*, seus filhos pequenos tinham gostado da história em si como um "conto de fadas" (nas palavras de seu irônico subtítulo). Esse é um tributo raro a um escritor, e pode ajudar a explicar o fascínio e a popularidade permanentes da história. Por isso, é ainda mais estranho que o autor de *Os gatos** tenha sido obtuso a ponto de não perceber tal coisa. Mas durante o pós-guerra a veneração do poder era no mínimo tão forte na direita quanto na esquerda, e compartilhou os mesmos tipos de pseudorrealismo cínico. E justamente a rejeição de Orwell à veneração do poder e ao pseudorrealismo lhe forneceria seu outro grande antagonista da direita na figura de James Burnham.

Hoje um tanto esquecido, James Burnham talvez tenha sido em sua época o intelectual americano que mais decisivamente deu forma e definição à ideologia da Guerra Fria. Sua formação pode ser chamada de clássica. Ele foi um ex-stalinista que por algum tempo associou-se a Leon Trótski e depois abandonou totalmente o socialismo, tornando-se um dos principais teóricos da ideia dos Estados Unidos como um império. Seu livro *The managerial revolution* foi um grande sucesso no pós-guerra, prefigurando a maioria dos livros escritos depois por Daniel Bell ou Francis Fukuyama sobre o "fim da ideologia". Quando William Buckley começou a publicar sua bem-sucedida revista *National Review*, que deu uma aura intelectual aos pronunciamentos do senador Joseph McCarthy, Burnham colaborou regularmente com uma coluna intitulada "Terceira Guerra Mundial". Nesses textos ele exortava os americanos a perceber que estavam envolvidos em um conflito global de vida ou morte com o comunismo ateu. Essa Terceira Guerra Mundial, segundo ele, já começara. Seu início fora no Natal de 1944, quando soldados britânicos dispararam contra uma manifestação comunista na praça princi-

---

* Coletânea de poemas cômicos escritos por T. S. Eliot sobre a psicologia e a sociologia dos felinos que serviu de base para o musical *Cats*. (N. T.)

pal da recém-libertada Atenas. Pouco antes de morrer, em 1987, Burnham foi agraciado com a Medalha da Liberdade pelo presidente Ronald Reagan por ter sido o padrinho do anticomunismo.

Orwell não viveu para ver o macarthismo (e criticara acerbamente a política britânica em Atenas, que em sua opinião impunha aos gregos uma indesejada monarquia reacionária). Mas desde o princípio não gostou e desconfiou das mirabolantes teorias de James Burnham, e obviamente baseou-se nelas para sua sombria predição de um mundo tripolar e militarizado em *1984*.

A primeira coisa que Orwell salientou em Burnham foi a sinistra admiração pelo cesarismo que transparecia em seu estilo. Eis um exemplo, extraído de uma ostensiva crítica a Stálin no ensaio de Burnham intitulado "O herdeiro de Lênin":

> Stálin revela-se um "grande homem" no estilo grandioso. As descrições dos banquetes oferecidos em Moscou aos dignitários em visita dão o tom simbólico. Com seus enormes cardápios de esturjão, assados, aves e doces, seus rios de bebida, o sem-número de brindes no encerramento, os silenciosos e imóveis agentes da polícia secreta atrás de cada convidado, tudo isso tendo ao fundo as famélicas multidões da Leningrado invernal sitiada, os milhões de mortos no fronte, os apinhados campos de concentração, as massas nas cidades mantidas com rações minúsculas nos limites da sobrevivência, mediocridade monótona ou a mão de Babbitt* são coisas que praticamente não se veem. Reconhecemos, isto sim, a tradição do mais espetacular dos tsares, ou dos grandes reis medas e persas, do canado da Horda de Ouro, do banquete que atri-

---

* *Babbitt* é o título de um romance de Sinclair Lewis publicado em 1922, que ressalta a vacuidade da classe média americana. (N. T.)

buímos aos deuses das épocas heroicas em tributo à sensação de que a insolência, a indiferença e a brutalidade em tal escala remove os seres do nível humano.

Orwell seguramente não se enganou ao detectar aí uma pontinha de admiração por um estilo de conduta fora do alcance. E quão frequentemente se notaria no Ocidente, durante a Guerra Fria, uma espécie de inveja do pênis pela crueldade dos métodos soviéticos, combinada ao martelamento da fórmula sobre a relativa "decadência", e até a tendência ao suicídio, exibida pelas esgotadas democracias. Em seu folheto de 1946 sobre Burnham, publicado pelo Socialist Book Centre, Orwell defendeu o simples mas essencial argumento de que os Estados totalitários eram muito mais fracos do que sugeria sua propaganda linha-dura. Reprimindo os intelectuais e silenciando a opinião pública enquanto promoviam as etéreas pretensões dos supremos e absolutos, mas na realidade bem medíocres, "Grandes Líderes", esses Estados não meramente se tornavam vulneráveis a erros crassos, mas ainda por cima quase impossibilitavam identificar ou corrigir tais calamidades. O exemplo clássico era a decisão de Hitler de invadir a Rússia enquanto ainda estava em guerra contra a Grã-Bretanha e potencialmente contra os Estados Unidos; a incapacidade de Stálin para prever esse erro fatal de seu adversário é um perfeito equivalente. As predições de Burnham em todos esses casos haviam sido totalmente refutadas pelos acontecimentos, pois seu exagerado respeito pela força bruta repetidamente o desencaminhara.

Orwell poderia ter ressaltado que a retórica de Burnham era um enfraquecido resíduo retórico de seu leninismo prévio. Ele exemplificou, de fato, com esse trecho distintamente leninista de *Managerial revolution*:

Não existe nenhuma lei histórica dizendo que as boas maneiras e a "justiça" hão de vencer. Na história há sempre a questão de *a quem* pertencem as maneiras e a justiça. Uma classe social ascendente e uma nova ordem na sociedade têm de romper os velhos códigos morais tanto quanto precisam romper as velhas instituições econômicas e políticas. Naturalmente, do ponto de vista dos velhos, eles são monstros. Se vencem, no devido tempo se ocupam das boas maneiras e da moral.

Novamente aqui detectamos um nítido deleite por parte de Burnham. Orwell restringiu-se, em grande medida, a minar a hipnotizante grandiosidade da prosa. Burnham transferira sua admiração anterior pelo nazismo para uma superestimação do stalinismo, mas trocara de navio no refluxo da maré. Em uma passagem de extrema presciência, extraordinária em 1946, quando o prestígio de Stálin no Ocidente estava no auge, Orwell escreveu:

> É cedo demais para apontar de que modo, precisamente, o regime soviético se autodestruirá [...]. De algum modo, porém, o regime russo ou se democratizará ou perecerá. O gigantesco, invencível, eterno império escravista com o qual Burnham parece sonhar não se estabelecerá ou, caso se estabeleça, não perdurará, pois a escravidão não é mais uma base estável para a sociedade humana.

No fim, como sabemos, a tentativa de democratização foi a causa imediata da morte do regime.

Burnham estava certo, como Orwell admitiu, em sua análise do papel autônomo desempenhado pela burocracia e pela classe dirigente; ele adaptara a obra prévia de Maquiavel e seus emuladores posteriores como Mosca, Michels e Pareto (alguns deles simpatizantes da versão "corporativa" do fascismo de Mussolini. De fato, o próprio Orwell vira bem depressa a implicação, contida no advento dos armamentos nucleares, de um mundo dirigido por especialistas e tecnocratas que não tinham de prestar contas. Orwell não queria dizer que as alternativas — democratizar ou perecer — eram exclusivas. A seu ver havia uma terceira escolha, a destruição mútua e absoluta de todos os sistemas (e de todos os não combatentes) por uma guerra atômica. Mas, embora escrevesse com frequência sobre essa questão do modo morbidamente fatalista que se tornaria batido mais ou menos uma década depois de sua morte, ele além disso viu a ameaça do nuclearismo como um perigo não só para o futuro, mas também para o presente. Aliás, citou Burnham em seu primeiro ensaio sobre o assunto, aquele onde cunhou a expressão "guerra fria". Para Orwell, o advento de uma superarma significava também o advento de uma casta de administradores nucleares que podiam exercer um poder quase absoluto meramente em virtude do efeito *latente* de suas ogivas. Assim, com sua decidida opinião de que a União Soviética merecia ruir e fatalmente o faria, ele sentiu a ameaça premonitória da corrida armamentista, o cavalo que corria emparelhado com a Guerra Fria ideológica e com o "complexo militar-industrial" ao qual o presidente Eisenhower deu um nome memorável em 1961. Mas James Burham permaneceu até o fim de seus dias um devoto da Guerra Fria como ideologia, da corrida armamentista como prática e do complexo militar-industrial como entidade, concretizando desse modo algumas de suas mais lúgubres predições sobre o destino dos intelectuais.

Nos atormentados e febris anos finais da década de 1940, quando novos temores sobre a fissão nuclear competiam com os medos do stalinismo e se sobrepunham a outras desilusões dos anos 1930, alguns intelectuais ex-pacifistas efetivamente preconizaram uma guerra nuclear preventiva contra a URSS. Entre eles estavam Bertrand Russell, coeditor com Orwell da revista *Polemic*, e John Middleton Murry, ex-marido de Katherine Mansfield que fora patrono literário de Orwell na revista *Adelphi*. Achavam que a temporária vantagem do Ocidente nos armamentos nucleares deveria ser aproveitada para coagir ou destruir o urso soviético. Orwell era totalmente contra. Tendo vivenciado as acirradas batalhas pela Espanha e por Munique e compreendido tudo com mais clareza do que muitos simpatizantes do comunismo, ele não via nenhuma analogia fácil a ser feita com a "pacificação", a metáfora preferida dos guerreiros frios imediatistas a partir de 1948. Tampouco podia aprovar o uso de armas de aniquilamento e destruição em massa. Mesmo quem acredita que a corrida armamentista pôs fim à Guerra Fria em 1989, esgotando a economia soviética, presumivelmente não deseja, refletindo hoje, que essas armas tivessem sido usadas em 1948. Entre outras coisas, esse ato teria destruído os seres humanos que viriam a ser os responsáveis pela mudança prevista por tão poucos.

Às vésperas de 1984, o ano arbitrário que inevitavelmente se tornou uma ocasião comemorativa, uma avalanche de livros e ensaios trouxe *1984* de volta à berlinda. Entre essas obras está uma célebre matéria de capa da revista nova-iorquina *Harper's*, ilustrada com um retrato de Orwell e o cabeçalho: "Se Orwell estivesse vivo hoje". O artigo foi escrito por Norman Podhoretz, então editor da revista *Commentary* e um vociferante convertido ao reaganismo e sionismo extremos — uma combinação conhecida como neoconservadora no vernáculo americano vigente. Em 1950, no lançamento de *1984*, a revista *Life*, de Henry Luce, louvou a obra por expor o totalitarismo intrínseco do National Recovery Act e da Autoridade do Vale do Tennessee do governo de Franklin D. Roosevelt, e usou o livro para desancar "os fervorosos *new dealers* dos Estados Unidos, muitos dos quais pareciam acalentar secretamente a esperança de que a mentalidade da depressão imperante nos anos 1930, fonte de seu poder e desculpa para seus experimentos, nunca desapareceria". Essa imagem — dos sapatos sóbrios de Eleanor Roosevelt pisando num rosto humano — não era mais absurda do que a ideia do sr. Podhoretz de que George Orwell, se estivesse vivo, estaria de braços dados com ninguém menos do que ele próprio (com William Buckley no outro braço e Henry Kissinger potencialmente espreitando mais atrás).

Esse ensaio deixou-me boquiaberto por duas razões. Primeira, porque ele admirava Orwell sobretudo por suas deficiências (citando com aprovação seus impertinentes comentários sobre homossexuais, por exemplo, mas não seus ocasionais deslizes sobre os judeus). Segunda, porque o autor não foi capaz de citar Orwell de modo acurado, e muito menos justo. Exatamente como Raymond Williams, Podhoretz não teve escrúpulos de citar uma observação que Orwell fez na segunda pessoa como se a tivesse feito na primeira. Por exemplo, quando Orwell descreveu certa visão tosca sobre a guerra moderna — "se alguém jogar uma bomba na sua mãe, jogue duas bombas na mãe dele" —, Podhoretz pôs esses dizeres na boca do próprio Orwell. Aconteceu-me ser escolhido pelo editor da revista para redigir uma réplica, e comentei, sobre essa distorção, que seria engraçado ler uma resenha de Podhoretz para *Uma modesta proposta*, de Jonathan Swift, pois ele sem dúvida encontraria ali farta aprovação à ideia de cozinhar e comer os bebês irlandeses.

A grande necessidade dos conservadores naquele momento era conquistar os indecisos para o programa de mísseis Guerra nas Estrelas e combater o ceticismo europeu. Podhoretz recrutou Orwell para a tarefa, citando assim um ensaio escrito em 1947 a respeito dos que se viam diante de um confronto entre duas superpotências:

De nada servirá dar a costumeira resposta evasiva "recuso-me a escolher". [...] Já não somos fortes o bastante para ficar sozinhos e

[…] seremos obrigados, a longo prazo, a subordinar nossa política à de uma ou outra Grande Potência.

O que Orwell realmente escreveu, em seu ensaio *In defense of Comrade Zilliacus*, foi:

De nada servirá dar a costumeira resposta evasiva "recuso-me a escolher". No fim, a escolha talvez nos seja imposta. Já não somos fortes o bastante para ficar sozinhos, e, se não conseguirmos gerar uma união da Europa Ocidental, seremos obrigados, no longo prazo, a subordinar nossa política à de uma ou outra Grande Potência.

Antes disso, naquele mesmo ano, Orwell escrevera:

No fim, os povos europeus talvez tenham de aceitar o domínio americano como um modo de evitar a dominação pela Rússia, mas precisam perceber, enquanto ainda há tempo, que existem outras possibilidades.

E em outro ensaio de 1947 ele concluiu:

Portanto, um Estados Unidos da Europa socialista parece-me o único objetivo político de valor atualmente.

A curiosa modernidade desse pensamento — obviamente, Orwell poderia muito bem estar vivo em 1984, quando teria sido um octogenário talvez bastante ranzinza — poderia ou não ter sido modificada pelo tempo ou pela experiência. No entanto, foi exatamente essa ideia que Podhoretz procurou mascarar com suas desajeitadas elipses, que dessa maneira não passaram de uma rematada distorção. E tudo em nome dos valores orwellianos...

É indubitavelmente verdade que Orwell possuía muitos instintos conservadores, para não dizer preconceitos. Como já mencionei, ele passou a vida tentando convencer-se a suprimi-los. Às vezes, sua criação ou seu pessimismo inato triunfavam sobre os esforços conscientes — o que parece ter ocorrido frequentemente quando ele estava doente ou deprimido —, e ele deixava escapar algum chavão sobre judeus serem gananciosos ou literatos serem homossexuais. (O comentário que ganhou jubilosa aprovação de Podhoretz falava em "pretensos artistas que gastam com sodomia o que ganharam parasitando", um rude aparte sobre as relações de seu amigo vitalício Cyril Connolly.) Charles Dickens — um homem que na realidade era muito mais conservador do que parecia — foi descrito por Orwell em uma famosa e demasiado leniente resenha como:

> um daqueles autores de quem vale a pena roubar. Até o sepultamento de seu corpo na abadia de Westminster foi uma espécie de roubo, se refletirmos.
>
> Quando Chesterton escreveu suas introduções para as obras de Dickens da Everyman Edition, pareceu-lhe muito natural creditar sua própria veia individual de medievalismo a Dickens, e mais recentemente um autor marxista, o sr. T. A. Jackson, fez vigorosos esforços para transformar Dickens num revolucionário sanguissedento. Os marxistas reivindicam-no como um "quase" marxista, os católicos reivindicam-no como um "quase" católico…

No caso de Orwell, porém, o roubo de cadáver é uma tarefa bem mais especializada e provavelmente não deveria ser tentado por nenhuma facção conhecida. Muito menos, talvez, por conservadores de qualquer vertente. George Orwell foi conservador em muitas coisas, mas não em política.

4. Orwell e a América

Alguns esquerdistas e nacionalistas da Europa e do Canadá, e ainda mais gente ao sul do Rio Grande, são contra usar o termo "América" para designar os Estados Unidos. Preferem dizer "os Estados Unidos", muito embora México e El Salvador, por exemplo, intitulem-se formalmente *Los Estados Unidos de Mexico* e *Los Estados Unidos de El Salvador*, de modo que pouca diferença real existe nessa distinção. A questão é simples: a "América" é maior como uma ideia e uma geografia do que os cinquenta estados da União estadunidense.

Mas quando mencionamos "a revolução americana" encontramos pouca discussão sobre terminologia. Pode ter sido Thomas Paine, um dos mais ferrenhos radicais de 1776, quem primeiro usou a expressão "Estados Unidos da América" para prefigurar uma república que seria mais do que treze ex-colônias. Certamente foi ele quem propôs a Compra da Louisiana a Thomas Jefferson, ajudando assim a duplicar o tamanho do país (esperando em vão que a escravidão fosse excluída do novo domínio).

Graças a essa longa aliança com a França e à sua descendência da Revolução Inglesa dos anos 1640, a Revolução Americana merece plenamente seu lugar na linhagem dos levantes radicais. Ela tem seu quinhão de contradições e negações — a proclamação original por senhores de escravos de que "todos os homens são criados iguais" é uma das primeiras afirmações registradas de que alguns são mais iguais do que outros. Mas, com o avanço do terceiro milênio e com as revoluções Russa, Chinesa e Cubana desaparecendo no horizonte, é possível argumentar que a Revolução Americana, com sua promessa de democracia cosmopolita, é o único "modelo" de revolução que sobrou para a humanidade.

Orwell foi admirador e estudioso de Paine, ele próprio um exemplo anterior de homem modesto que conferiu a si mesmo a missão de escrever e divulgar a verdade. Mas Orwell evidenciou um curioso ponto cego no que diz respeito ao país adotivo de Paine. Ele nunca visitou os Estados Unidos e demonstrava escassa curiosidade sobre o país. Desconfiava da cultura comercial e mercenária ali imperante, ressentia-se um pouco das ambições imperialistas americanas e desdenhava a escala enorme e a vulgaridade da nação. A América, em outras palavras, é a grande exceção na presciência de Orwell sobre o século em que ele viveu.

Esse quadro não deixa de ter suas doses de luz e sombra. Como muitos críticos de sua época, Orwell censurou sem muita reflexão a violência e a grosseria das histórias em quadrinhos e das publicações sensacionalistas americanas. Sua preocupação com o sadismo assumia a forma de uma forte inquietação com a perversidade de certas revistas infantis. Ele as contrastava com as relativamente salutares publicações britânicas para meninos conhecidas como "Boys' Weeklies" e as associava à ética das gangues que entrava em moda no cinema. Se Al Capone fosse inglês, Orwell escreveu com orgulho, não estaria na cadeia apenas por sonegação de impostos.

No entanto, ele tentava evitar o esnobismo e a insularidade; sobre *Trópico de Câncer*, de Henry Miller, escreveu comedidamente em novembro de 1935: "A linguagem americana é menos flexível e refinada que a inglesa, mas tem mais vida, talvez". O qualificativo final expressa uma ambivalência que ele nunca superou de todo e que talvez seja insuperável até para um admirador da cultura americana. Em abril de 1936 ele citou uma cena de crueldade e violência em um romance americano barato e acrescentou:

> Esse tipo de porcaria nojenta (louvado como "genialidade" quando vem sob a forma mais refinada de Hemingway) está se tornando cada vez mais comum. Algumas das atuais "Yank Mags" vendidas por três pence na Woolworth's consistem apenas nisso. Repare na sinistra mudança que se abateu sobre um importante subdepartamento da ficção inglesa. Deus sabe que havia suficiente brutalidade física nos romances de Fielding, Meredith, Charles Reade etc., mas
>
> "nossos senhores de então
> Pelo menos ainda eram nossos compatriotas"*
>
> No romance inglês do velho estilo, um sujeito derrubava o outro e cavalheirescamente esperava que ele se levantasse para tornar a derrubá-lo; na versão americana moderna, assim que o outro cai, o sujeito aproveita a oportunidade para pular na cara dele.

Essa anglomania quase paródica — adornada inclusive com uma romântica inserção de Byron — contrastou um mês depois com uma resenha que começava dizendo:

---

* No original: "Our masters then/ Were still, at least, our countrymen", versos de Lord Byron no poema "The isles of Greece". (N. T.)

Por que será que o romance inglês típico é sóbrio a ponto de ser rígido e o romance americano típico explode em barulho, "ação" e violência física? Essencialmente, a meu ver, porque na América a tradição oitocentista da liberdade ainda está viva, embora sem dúvida a realidade esteja tão morta quanto aqui.

Na Inglaterra a vida é sofreada e cautelosa. Tudo é governado por laços de família, pela posição social e pela dificuldade de ganhar a vida, coisas tão importantes que nenhum escritor pode esquecer-se delas. Na América ou elas não influem ou é uma convenção dos escritores deixá-las de fora. Assim, o herói de um romance americano é apresentado não como uma engrenagem da máquina social, mas como um indivíduo empenhado em sua salvação sem inibições e sem senso de responsabilidade.

A breve carreira de Orwell como crítico de cinema para as revistas *Time* e *Tide* nos primeiros anos da Segunda Guerra Mundial não foi seu melhor momento como analista, mas ilustrou a mesma dualidade no modo como ele via os Estados Unidos. Orwell deplorou a crassidade do produto ("a usual mansão construída por máquinas do cinema americano"), mas louvou "a imensa superioridade técnica dos americanos, sua percepção do que causa ou não um impacto, sua intolerância com o amadorismo em geral", e ocasionalmente deixou escapar um resmungo pela relativa imunidade da América aos rigores da guerra. No entanto, mais ou menos nessa época — e em outro exemplo das artimanhas do destino, que levam pessoas que deveriam conhecer-se a realmente se encontrar —, ele se tornou o correspondente londrino da *Partisan Review*. Essa revista e seus editores haviam adquirido uma repugnância pelo stalinismo muito semelhante à de Orwell; homens como Philip Rahv e Dwight Macdonald comungavam do outro lado do Atlântico com o pensamento de Orwell. As cartas que Orwell escreveu durante a guerra para a *Partisan*

Review eram o equivalente intelectual dos programas de rádio de Edward R. Murrow na CBS londrina: transmitiam um sentimento de proximidade e solidariedade. E também impeliram Orwell a, pela primeira vez, levar em conta um público americano. Foi em uma dessas cartas, escrita em março de 1942, que Orwell publicou uma espécie de autocrítica disfarçada ao analisar as atitudes antiamericanas na Inglaterra:

> Os sentimentos culturais dos ingleses em relação à América são complicados, mas podem ser definidos com razoável precisão. Na classe média, os que *não* são antiamericanos são tipos da área técnica (como os engenheiros de rádio), removidos da classe a que pertenciam, e jovens intelectuais. Até por volta de 1930, quase todas as pessoas "cultas" abominavam os Estados Unidos, que eram considerados os vulgarizadores da Inglaterra e da Europa. O desaparecimento dessa atitude provavelmente relacionou-se com a queda do latim e do grego de sua posição dominante entre as disciplinas escolares. Os intelectuais mais jovens não têm objeção à língua americana e tendem a mostrar uma atitude masoquista em relação aos EUA, que consideram um país mais rico e mais poderoso que a Grã-Bretanha. É claro que é justamente isso que provoca inveja na medíocre classe média patriótica. Conheço gente que automaticamente desliga o rádio assim que começa alguma notícia americana, e o mais banal filme inglês sempre contará com o apoio da classe média porque "é um alívio ficar longe daquelas vozes americanas". Os americanos são considerados fanfarrões, mal-educados e loucos por dinheiro, além de suspeitos de tramar para herdar o Império Britânico.

(Orwell esqueceu este último trecho quando resmungou, pouco depois da guerra, que o novo Império Americano estava "avançando atrás de uma cortina de fumaça de escritores".) Em outras palavras, ele podia desaprovar o antiamericanismo simplista nos outros mesmo que não o tivesse eliminado por completo em si mesmo. Tal ambiguidade, como já tentei ressaltar, ocorre em quase todas as suas reflexões sobre o preconceito.

Em uma de suas cartas para a *Partisan Review*, Orwell forneceu o endereço de seu escritório e o telefone de sua casa, convidando os leitores da revista a visitá-lo. Não havia muitos soldados entre os assinantes da revista, mas esse gesto fraternal atraiu alguns visitantes. Ao mesmo tempo, ele estava discutindo um assunto que enervava as autoridades britânicas:

> Mesmo que você passe longe de Piccadilly com seus fervilhantes enxames de bêbados e prostitutas, é difícil ir a qualquer parte em Londres sem ter a sensação de que a Grã-Bretanha é hoje um Território Ocupado. O consenso da opinião pública parece ser que os únicos soldados americanos com modos decentes são os negros [...]. Antes da guerra não existia um sentimento popular antiamericano neste país. Tudo começou com a chegada dos soldados americanos, e é acentuadamente agravado pelo acordo tácito de nunca discutir o assunto na imprensa.

Com seu instinto igualitário, Orwell irritava-se diante da grotesca diferença entre os soldos das tropas americanas e britânicas ("todo o exército americano situa-se financeiramente na classe média"), enquanto seu patriotismo intuitivo era aguilhoado por descrições do inglês no teatro e no cinema americanos como

> um fracote bobalhão com um título, um monóculo e o hábito de dizer "Haw, haw". Americanos relativamente responsáveis acreditam nessa lenda, entre eles o veterano escritor Theodore Dreiser, que em um pronunciamento público comentou que "os britâni-

cos são esnobes aristocráticos que andam a cavalo". (Quarenta e seis milhões de esnobes que andam a cavalo!)

Mesmo hostil, a referência a Dreiser é uma pista para o modo como Orwell tentou resolver esse dilema em seu íntimo. Ele sempre levou a sério a literatura americana (coisa que entre seus contemporâneos não era nada natural) e chegou à conclusão de que seu sucesso como uma nova literatura tinha alguma relação com a liberdade. Evidentemente, a tendência de Orwell era identificar isso com a luta incompleta pela liberdade, e não uma mera concessão ou promessa de liberdade — um excelente programa da BBC que ele produziu sobre o tema em novembro de 1942 destacou o realismo mais duro das obras de James T. Farrell, John Steinbeck e Archibald MacLeish. Mas seu programa não tratou apenas de imigrantes oprimidos e operários explorados; analisou com certa atenção o *Prufrock*, de Eliot,* fez menções honrosas a Whitman e Henry James e apresentou um longo trecho, lido pelo próprio Orwell, do romance *White-jacket*, de Herman Melville. A autora antilhana Una Marson foi convidada a refletir sobre o que ainda se chamava de "escritores negros" e a apresentar seu trabalho. Tendo como coleitores William Empson, Herbert Read e Mulk Raj Anand, Orwell também falou sobre os comentários do escritor Bret Harte a respeito de Dickens e das excentricidades de Mark Twain.

A literatura americana começa com Mark Twain, segundo uma observação generosa mas incontroversa de Hemingway, e é uma agradável surpresa ver Orwell oferecer-se (sem êxito) para escrever uma biografia de Twain em uma carta a seu agente em 1932. Em 1943 ele escreveu, em vez da biografia, um longo ensaio sobre Twain no qual identificou a essência de um estilo de fron-

---

* T. S. Eliot, *Prufrock and other observations*, 1917. (N. T.)

teira que, apesar das falhas e até fraudes de sua lenda, evocava um mundo real onde "pelo menos não acontece de o destino de um homem estar definido desde o nascimento. O mito 'da cabana de madeira à Casa Branca' foi verdade enquanto duraram as terras livres. De certo modo, foi por isso que a multidão de Paris atacou a Bastilha, e quando lemos Mark Twain, Bret Harte e Whitman é difícil achar que o esforço deles foi em vão". Orwell foi um dos poucos críticos ingleses a conservar uma memória que o século XX já muito contribuíra para distorcer e encobrir: uma memória popular inglesa da época em que a América era a terra prometida da liberdade e da igualdade. Ele criticou até mesmo seu dileto Dickens, no centenário de *Martin Chuzzlewit* em 1944, por escrever o romance que menosprezaria e detrairia essa imagem nobre. *Martin Chuzzlewit* não é o melhor romance de Dickens, mesmo na opinião de seus mais exaltados defensores, mas foi preciso um Orwell para dizer que em suas páginas era "como se Dickens se dissolvesse em um melado morno" e que "os capítulos americanos são um bom exemplo do hábito de Dickens de dizer pequenas mentiras para enfatizar o que ele vê como uma grande verdade". Essa ideia, por sua vez, suscita a seguinte comparação:

> A atmosfera mental do interlúdio americano é a que desde então se nos tornou familiar nos livros escritos por viajantes britânicos sobre a Rússia soviética. Alguns desses relatos dizem que tudo é bom, outros que tudo é ruim, mas quase todos partilham da mesma perspectiva propagandista. Cem anos atrás, a América, "a terra dos livres", tinha na imaginação europeia um lugar bem semelhante ao que a Rússia soviética tem hoje, e *Martin Chuzzlewit* é o equivalente de 1844 ao *Retour de l'URSS* de Andre Gide. Mas é um sinal do mutável humor do mundo que a crítica de Dickens, tão mais violenta e injusta que a de Gide, possa ter sido tão rapidamente esquecida.

Em 1945 Fredric Warburg pediu a Orwell que escrevesse um parecer sobre os romances de F. Scott Fitzgerald, e o serviço latino-americano da BBC encomendou-lhe uma resenha da autobiografia de Benjamin Franklin. Orwell não concluiu nenhuma dessas tarefas. Mas nesse mesmo ano escreveu uma avaliação muito favorável sobre a vida e a obra de Jack London. A saúde de Orwell começava a incapacitá-lo gravemente nesse período, e podemos conjeturar que havia certa inveja em sua admiração pela virilidade e rudeza de London, sua "personalidade dominante e físico potente". Isso, combinado com o atrativo da imensidão do espaço e do feroz individualismo norte-americano, evidentemente sensibilizava aquele homem enfermo e debilitado.

Na resenha de uma coletânea de ficção popular dos Estados Unidos, Orwell escreveu no ano seguinte que "um outro país imaginário que adquiri cedo na vida chamava-se América. Quando me detenho na palavra 'América' e, deliberadamente deixando de lado a realidade existente, evoco minha visão de infância, vejo dois quadros [...]". Segue-se um habilíssimo esboço à mão livre dos mundos de Tom Sawyer e Pai Tomás, com esta conclusão: "A civilização da América do século XIX foi a civilização capitalista no que ela teve de melhor". No entanto, apenas alguns meses antes ele comunicara a seu agente que teria prazer em escrever resenhas para a revista *New Yorker* (o que depois faria), mas "quanto a ir aos Estados Unidos", ressalvou, "nunca me passou pela cabeça fazê-lo, e não sei como esse boato pode ter começado". Pelo jeito, bastava-lhe visitar o país na imaginação.

No descer das cortinas ele quase mudou de ideia. Philip Rahv escreveu-lhe da *Partisan Review* exortando-o a ir aos Estados Unidos e visitar seus muitos admiradores americanos. Bem a par do estado de saúde de Orwell, ele acrescentou que havia uma abundância de lugares com clima excelente nos Estados Unidos, próprios para tuberculosos. Brevemente, Orwell cogitou em passar algum tempo no Sul dos Estados Unidos e escrever uma série de relatos sobre o cotidiano em Dixie. Mas no final ele estava demasiado fraco para uma viagem desse tipo. É impossível refletir sobre o irrealizado projeto de Orwell no Mississippi sem um pungente sentimento de perda.

A relação entre a saúde e a América persistiu sob uma forma mais banal: a estreptomicina que poderia ter curado seus pulmões só era fabricada nos Estados Unidos, e havia entraves burocráticos, além de financeiros, à sua obtenção na Inglaterra. Orwell pediu ajuda a David Astor para tentar conseguir acesso a um fornecimento regular do remédio. Mais uma vez, foi pouco e tarde demais; essa correspondência provoca a mesma tristeza que as cartas de Orwell a Dwight Macdonald (que na época editava sozinho sua brilhante revista *Politics*, para a qual Orwell escrevia), pedindo-lhe que conseguisse um par de sapatos para um homem de pés grandes naquele tempo de racionamento e escassez. A última referência americana que consegui encontrar está em uma carta a Astor, escrita bem próximo do fim, em julho de 1949, na qual Orwell pergunta: "Você leu *Os nus e os mortos*? É sensacional, o melhor livro sobre a última guerra já publicado". Esse é mais um vislumbre frustrante de um interesse potencialmente profícuo que nunca amadureceu.

O remédio inovador que poderia tê-lo salvado, os primeiros contatos com colegas dissidentes que nunca chegaram a se transformar em um encontro pessoal, os caminhos inexplorados na literatura e na linguagem — o tema da América foi, em todos os sentidos, a oportunidade que Orwell perdeu.

5. Orwell e a "anglicidade": as antinomias de são Jorge

Orwell quase com certeza riria da expressão "quintessencialmente inglês", tantas vezes associada a seu nome. Poucas de suas cenas de ficção têm uma base mais autobiográfica do que o primeiro capítulo de *A flor da Inglaterra*, onde ele recria sua experiência como vendedor numa livraria em South End Green, Hampstead. Ali o infeliz empregado Gordon Comstock é compelido a ser cortês com a sra. Penn, que o enfada ostentando suas opiniões sobre literatura:

> "O que eu acho, senhor Comstock, é que há alguma coisa grandiosa em Galsworthy. Ele é tão amplo, tão universal, mas ao mesmo tempo tem um espírito completamente inglês, humano. Seus livros são verdadeiros documentos de humanidade."
>
> "E Priestley também", disse Gordon. "Acho Priestley um escritor excelente, a senhora não concorda?"
>
> "Ah, claro que sim! Tão vasto, tão amplo, tão humano! E tão essencialmente inglês! [...] Será que o senhor tem o último

livro de Hugh Walpole?", perguntou a sra. Penn. "Esta semana, estou querendo ler alguma coisa épica, bem grandiosa. E Walpole, o senhor sabe, eu considero um grande escritor, que para mim só fica atrás de Galsworthy. Ele tem uma coisa tão grandiosa. Mas ao mesmo tempo tão humana."

"E é tão essencialmente inglês", disse Gordon.

"Ah, claro! Tão essencialmente inglês!"

Mas nem esse exorbitante sarcasmo é suficiente para deter a brigada de Álbion de Orwell. Alguns dos integrantes dessa brigada ressaltam inclusive a vigorosa defesa que Orwell fez de P. G. Wodehouse para mostrar o parentesco essencial que une os tesouros nacionais ingleses. Passam ao largo do fato de que Wodehouse foi, na prática, um americano, e também não mencionam que, na época em que Orwell o defendeu, Wodehouse estava sendo bombardeado com calúnias por todo anglômano valentão, rubicundo e demagogo da "ilha que empunha o cetro"* — uma estúpida campanha de difamação que contou com encorajamento oficial e requereu muitas décadas até seu desagravo.

Ao findar o século xx, a questão da "condição da Inglaterra" reviveu explosivamente. Com o Reino Unido transferindo o poder (ou liquefazendo-se, conforme a preferência e a interpretação), a afirmação da nacionalidade na Escócia, País de Gales e Irlanda foi recebida na nação do Sul com a eflorescência da bandeira de são Jorge. Seu reaparecimento, às vezes em um emblema em *pubs* ou táxis, ou em membros musculosos de torcedores de futebol, em muitos casos foi um sintoma de insegurança quanto ao estado interno do reino e ao desafio externo representado pela ideia de "Europa". Nesse contexto, o número de referências fáceis a Orwell avolumou-se ininterruptamente. O último

---

* "This sceptred isle", frase de William Shakespeare. (N. T.)

primeiro-ministro tóri do século, John Major, destacou-se. Tentando tranquilizar um público conservador em abril de 1993, ele reiterou um comprometimento com a teoria e a prática da "ideia europeia", mas garantiu:

> Aqui é o melhor da Grã-Bretanha e é parte da nossa contribuição distintiva e única à Europa. Distintiva e única como a Grã-Bretanha há de permanecer na Europa. Daqui a cinquenta anos a Grã-Bretanha ainda será o país das sombras alongadas nos campos dos condados,* da cerveja quente, dos invencíveis subúrbios verdes, dos aficionados de cães e apostadores do futebol e — como disse George Orwell — das "solteironas pedalando na neblina matinal a caminho da santa comunhão", e, se for como desejamos, Shakespeare ainda sendo lido em todas as escolas. A Grã-Bretanha sobreviverá irretocável em todos os seus aspectos essenciais.

Major gostou desse tropo a ponto de incluí-lo posteriormente em sua autobiografia. E tinha suficiente confiança na ressonância do nome para voltar a ele em seu discurso na conferência do Partido Conservador no outono de 1995:

> Creio que os trabalhistas andam lendo *1984* — o livro que descreve o "duplipensamento". Lembrando: duplipensar é o truque de acalentar duas convicções contraditórias ao mesmo tempo e aceitar ambas. É fruto da imaginação de outro socialista educado em internato de elite. Seu nome era George Orwell. Mas não na realidade. Esse era seu pseudônimo. Seu verdadeiro nome era Eric. O sobrenome? Vocês já adivinharam. Era Blair. Eric Blair. Ele trocou de nome. Não posso dizer o mesmo do meu colega do outro

---

* Orwell referiu-se ao críquete como um jogo disputado "nas sombras alongadas nos campos dos condados". (N. T.)

partido. Ele trocou tudo o mais. Sua política. Seus princípios. Sua filosofia. Mas, pelo que eu saiba, de nome ele não trocou.

Risadas e gritos aprovadores. Note-se que Major não foi tão generoso ao mencionar os créditos nessa segunda ocasião quanto havia sido na primeira — Orwell transforma-se de sinônimo de patriotismo em "socialista educado em internato de elite". Esse é um estilo proteano que até o camaleão Tony Blair talvez desejasse imitar. Mas também ilustra a ambivalência de sentimento dos ingleses em relação a Orwell. E além disso expressa a ambivalência que o próprio Orwell sentia em relação aos ingleses (que John Major, sob o fardo do unionismo e da bandeira, foi obrigado a chamar de "os britânicos").

Orwell era um tanto cético no que dizia respeito ao britanismo e à União. Embora mal mencione os galeses e só aluda à Irlanda no primeiro verso de "Bichos da Inglaterra" e em uma ou duas breves ponderações sobre as atrocidades dos Black and Tans,* ele escreveu com certo detalhamento sobre uma potencial ressurgência do nacionalismo escocês, movimento que conhecera graças à elementar técnica de analisar e levar a sério as cartas que recebia de leitores. As referências de Orwell à monarquia são raras e, de modo geral, desdenhosas. Percebendo que a abdicação [de Eduardo VIII] desferira um golpe quase mortal contra a monarquia, Orwell constatou que a realeza ganhara terreno durante a guerra e provavelmente recuperaria parte de sua antiga posição se conseguisse um "reinado verdadeiramente longo" como o que de fato começou pouco depois da morte dele próprio e do último rei Jorge.

---

* Paramilitares da Força de Reserva da Polícia Real Irlandesa empregados nos anos 1920 para reprimir a revolução na Irlanda. (N. T.)

Na carreira de Orwell houve diversos encontros que só não aconteceram por um triz, e bem que gostaríamos que houvessem ocorrido. Em Paris após a Libertação, Orwell esperou em vão no Café Deux Magots por Albert Camus, e por fim se foi, decepcionado. (Isso nos dá a mesma tristeza sentida pelo abortado encontro entre Marx e Darwin, entre Evelyn Waugh e H. L. Mencken ou entre Alexander Soljenítsin e Vladimir Nabokov.) E como teria sido se Orwell se encontrasse com Philip Rahv, Dwight Macdonald ou Mary McCarthy? Entretanto, houve um encontro que aconteceu de fato, porém sem nenhum resultado digno de nota. Em 23 de maio de 1941, Orwell foi convidado para falar na Universidade de Oxford sobre o tema "Literatura e totalitarismo" em um evento patrocinado pelo Clube Socialista Democrático e pelo English Club. O jovem Philip Larkin, tesoureiro do English Club, ajudou a organizar um jantar depois do evento em "um hotel não tão bom", cônscio do fato de que Dylan Thomas já fora recebido com mais opulência no luxuoso Randolph. "Acho que foi meu primeiro ensaio em crítica prática", comentou Larkin mais tarde.

Orwell evocara a "Inglaterra" no trecho abaixo, encontrado nas páginas finais de *Homage to Catalonia*:*

> Os trilhos da ferrovia sufocados por flores silvestres, os prados profundos onde os grandes cavalos brilhantes pastam e meditam, os riachos vagarosos ladeados por salgueiros, as superfícies verdes dos olmos, as esporinhas nos jardins dos chalés; e, depois, a enorme vastidão pacífica dos arredores de Londres, as barcaças no rio lamacento, as ruas familiares, os cartazes anunciando partidas de críquete e casamentos reais, os homens de chapéu-coco, os pom-

---

* *Lutando na Espanha: homenagem à Catalunha, recordando a guerra civil e outros ensaios.* Tradução de Ana Helena Souza. São Paulo, Globo, 2006. (N. T.)

bos na Trafalgar Square, os ônibus vermelhos, os policiais azuis — todos dormindo o sono profundo, profundo, da Inglaterra, do qual eu às vezes temo que jamais acordaremos, até que sejamos arrancados dele pelo rugido das bombas.

E Larkin, muito depois, expressaria a mesma coisa do seguinte modo em seu poema "Going, going", de 1972:

E essa será a Inglaterra desaparecida,
As sombras, os prados, as vielas,
As sedes de grêmio, os coros esculpidos.
Haverá livros; ela perdurará
Em galerias; mas só o que restará
*Para nós será pneus e concreto.**

Seria impossível provar esta ideia, mas há algo na "anglicidade", especialmente quando essa qualidade está impressa na paisagem e nas cidades antigas, que se presta à melancolia e ao pessimismo e deles se nutre. Tanto Orwell como Larkin exploram a mesma fonte de relva e pedra cinzenta; ambos partilham da convicção íntima de que ela é demasiado vulnerável e frágil para durar. Cada qual a seu modo, Oliver Goldsmith e William Blake conheceram o mesmo medo. Cobbett e Dickens também. Apontando o irlandês Yeats como seu destacado exemplo, Orwell disse que, "em geral, os melhores escritores da nossa época são de inclinação reacionária". (Larkin contou a seu biógrafo, Andrew Motion, que suas primeiras inspirações literárias foram Orwell, Cyril Connolly e George Bernard Shaw.)

---

* No original: "And that will be England gone,/ The shadows, the meadows, the lanes,/ The guildhalls, the carved choirs,/ There'll be books; it will linger on/ In galleries; but all that remains/ For us will be concrete and tyres". (N. T.)

Podemos também notar de passagem que Lark quase evoca *1984* em sua imagem de concreto árido e numa resignada sensação de que apenas alguns velhos livros e quadros bolorentos preservarão o idílio desaparecido. Larkin era um tóri, para não dizer um reacionário, e seu poema foi encomendado pelo governo conservador para um relatório oficial sobre o meio ambiente. (Isso não impediu a condessa de Dartmouth de extirpar, para fins políticos, seus versos anteriores que diziam "Na Página de Negócios, uma vintena de sorrisões de óculos aprova/ Algum lance por controle acionário que gerará/ Lucro de cinco por cento [e dez/ Por cento mais nos estuários] [...]".)* Orwell foi um "socialista educado em internato de elite" que realmente trocou de nome — adotando como prenome o do santo padroeiro da Inglaterra e como sobrenome o de um rio que serpenteia discretamente pela região de East Anglia até formar seu próprio estuário. O emblemático romance de Orwell onde esses dois tributários se encontrariam decerto seria, com sua aversão à feiura moderna, à profanação rural e ao filistino da classe média alta, *Coming up for air* [*Um pouco de ar, por favor!*]: o bairro seleto derrota a Arcádia. A representação de Larkin da nova Grã-Bretanha presumida e gananciosa, governada por "uma casta de canalhas e piranhas", poderia ter sido inspirada diretamente no que Orwell tem de mais sulfúreo.

Talvez valha a pena fazer mais uma comparação: Larkin e Orwell mostraram atitude muito semelhante para com a religião. Larkin, que não se impressionava nem um pouco com as asserções metafísicas do cristianismo, se passasse por uma igreja, entrava ("quando tenho certeza de que não está aconte-

---

* No original: "On the Business Pages, a score/ Of spectacled grins approve/ Some takeover bid that entails/ Five per cent profit (and ten/ Per cent more in the estuaries) [...]". (N. T.)

cendo nada lá dentro"), impregnava-se do ambiente e por fim, ele disse em versos, "assino o livro, doo seis pence irlandeses/ Reflito que o lugar não merece uma parada". Mas essa indiferença pelos rituais vinha acompanhada de um tosco respeito pela impressão causada pelo lugar, pela história, pelos "tantos mortos [que] aqui jazem" e pelo "sério", o termo que ele repete várias vezes na última estrofe de "Church going". Em *Um pouco de ar, por favor!*, George Bowling visita uma igreja antiga e fica tão constrangido ao encontrar um clérigo de seu tempo de menino que encerra abruptamente o passeio: "Assim que o decoro me permitiu, pus seis pence na caixa de doações da igreja e me escafedi".

Orwell também tinha uma aversão visceral pela propaganda sobrenatural, especialmente na forma católico-romana, mas simpatizava com a arquitetura das igrejas, e em seus escritos demonstrou possuir um conhecimento prático dos dois Testamentos. Apreciava a liturgia de Cranmer* e da [Bíblia] King James; em *A filha do reverendo*, ele com sagacidade anteviu o espeto bifurcado em que o anglicanismo viria a empalar-se:

> Hoje em dia, um clérigo que deseja manter sua congregação só tem dois caminhos: ou o anglo-catolicismo puro e simples — melhor dizendo, puro e não simples —, ou ele tem de ser ousadamente moderno e de vistas largas e pregar sermões reconfortantes provando que não existe Inferno e que todas as boas religiões são a mesma coisa.

Essas palavras parecem prenunciar o obituário que "a doce mediocridade de nossa igreja nativa", segundo George Herbert,

---

* Thomas Cranmer, arcebispo de Canterbury, líder da Reforma Anglicana no reinado de Henrique VIII. (N. T.)

escreveria mais tarde para si mesma. Há também a cômica cena do *"wallah dos livros"* em *Dias na Birmânia*:

> Seu sistema era cobrar quatro annas e mais qualquer outro livro em troca de cada livro do seu estoque. Não exatamente outro livro qualquer, porque, embora analfabeto, ele aprendera a reconhecer e a recusar a Bíblia.
>
> "Não, sahib", dizia em tom queixoso, "não. Este livro" (que revirava com ar de reprovação em suas mãos castanhas) "este livro com a capa preta e as letras douradas... este eu não posso aceitar. Não sei do que ele fala, mas todos os sahibs me oferecem este livro, e nenhum deles quer aceitar. Qual pode ser o problema deste livro preto? Deve ser alguma coisa maligna."

Orwell, que viu piedosos missionários agirem como santificadores da ladroagem colonial e a vida inteira aludiu com naturalidade à existência de uma sociedade pós-cristã, deixou instruções meticulosas sobre o tipo de funeral anglicano que desejava para si. Seu amigo Anthony Powell — outro escritor apontado por muitos como "quintessencialmente inglês" — ajudou a organizar as exéquias na Christ Church na rua Albany:

> Coube-me escolher os hinos: *All people that on earth do well* (achei que Orwell teria gostado do "Old Hundredth",* mesmo se apenas por causa do nome); *Guide me, O thou great Redeemer* (sobretudo por causa de minhas associações pessoais com a guerra, embora *Jehovah* seja mais autêntico); *Ten thousand times ten thousand* (não me lembro por quê; talvez o próprio Orwell tenha falado sobre esse hino, ou porque ele foi, em certo sentido, uma espécie de

---

* Nome pelo qual ficou conhecido esse hino, por sua associação com o centésimo Salmo. (N. T.)

santo, mesmo sem vestes resplandecentes). A lição era do Eclesiastes: os moedores da boca, o gafanhoto um peso, o fio de prata rompido, a roda desfeita junto ao poço. Não sei por quê, mas o serviço fúnebre de George Orwell foi um dos mais dilacerantes que já presenciei.

Powell também era, na melhor das hipóteses, neutro em questões religiosas, preferindo concentrar seu interesse no oculto e no pagão (e de passagem podemos dar crédito ao Eton College por acolher Powell e Orwell na mesma leva de alunos). A única nota falsa nesse parágrafo tão bem escrito é a invocação do "santo", não buscada e até repudiada por Orwell e causa de boa parte do irracional ressentimento contra seu nome.

Com os fidalgos préstimos de David Astor, o corpo de Orwell foi sepultado no cemitério da igreja de Sutton Courtenay em Oxfordshire, um pedaço da "Inglaterra profunda"* — profunda o bastante para conter, ali próximo, o túmulo de Margot Asquith e seu marido. Como lady Oxford, a sra. Asquith chamara a severa atenção de Orwell em junho de 1940. Ela escrevera ao *Daily Telegraph*, fazendo um comentário que Joyce Cary teria caracterizado como "uma carreta para a guilhotina": já que a maioria das casas londrinas está deserta, há pouco entretenimento [...] seja como for, as pessoas têm de abrir mão de seus cozinheiros e viver em hotéis". Orwell observou em seu diário a respeito desse estrondoso exemplo de insensibilidade aristocrática: "Parece que nada jamais há de ensinar a essa gente que os outros 99% da população existem". Inglaterra de quem?

E por aqui se encerram os paralelos entre Orwell e Larkin na não declarada competição pela figura do inglês mais simbólico.

---

* "Deep England" denota a Inglaterra culturalmente conservadora do Sul do país. (N. T.)

(Há quem afirme ver, na obra de Orwell, um interesse incomum por açoitamentos e surras e as conotações sexuais do castigo corporal; essa fascinação era também a recreação pornográfica favorita de Larkin e, segundo a lenda e um Himalaia de evidências empíricas, um vício distintivamente inglês.) Mas as semelhanças claras e veladas terminam onde começa o verdadeiro povo da Inglaterra. Larkin, pode-se afirmar com certa segurança, não era o que alguns americanos chamam de um "homem do povo". Dedicado e meticuloso nas relações privadas e profissionais, ele não tinha inclinação para os habitantes da ilha *en masse*, por assim dizer. Tampouco gostava muito dos habitantes de outros países, quer eles ficassem onde estavam, quer se mudassem para a Inglaterra. Larkin era pró-Enoch Powell;* Orwell defendia os súditos de cor do Império na Inglaterra e em outras partes. Larkin lamentou a retirada a "leste de Suez"; Orwell queria o fim de toda a rapinagem colonial. Larkin ficou célebre por desaprovar a vida familiar e a reprodução e ter ojeriza especial pelas "criancinhas"; Orwell achava que os ingleses eram medrosos demais para se reproduzir o suficiente e desejou ardentemente ser pai. Larkin teve calafrios ao pensar em praia no poema "Going, going"; Orwell celebrou o atrevido vigor dos cartões-postais de Donald McGill com o tema "*end-of-the-pier*" [ponta do molhe do cais]. Larkin foi um entusiasta da lei e ordem que odiava manifestantes e grevistas; Orwell achava que os ingleses eram passivos e plácidos demais, e aos policiais ele reservou uma aversão especial.

Assim, um pendor superficial para a cerveja quente, pelos símbolos do passado, por átrios de catedral e pela pancada distante de um bastão numa bola de couro — o repertório integral do

---

* Político, linguista, escritor, acadêmico, soldado e poeta britânico que tinha ideias polêmicas contra o ingresso de imigrantes da Comunidade Britânica na Inglaterra. (N. T.)

sentimento da suposta "anglicidade" — não é um bom guia para as questões de princípio. Um dos pouquíssimos textos que Orwell instruiu seus agentes e testamenteiros a suprimir foi um panfleto do tempo da guerra, escrito às pressas para o British Council com o título "O povo inglês". Se consultado hoje, esse pequeno esforço ainda se sustenta satisfatoriamente. Embora expresse um patriotismo calmo e resoluto, de modo nenhum isenta seu tema de crítica e faz poucas concessões ao ufanismo. Ainda assim somos forçados a concluir que incide do lado errado da permanente ambivalência que Orwell manteve quando se tratava de sua gente.

Orwell, que para começo de conversa tinha ascendência francesa por parte de mãe, passou seus anos de formação vendo os britânicos no que eles tinham de pior. O esnobismo e o sadismo infernais do sistema das escolas de elite e o trabalho sujo do império deixaram arranhões indeléveis na mente de Orwell e lhe forneceram veios de material que ele nunca esgotaria. Mesmo durante a Segunda Guerra, ao deplorar as atitudes anti-inglesas dos Estados Unidos, ele admitiu sem rodeios: "Mandamos nossos piores espécimes para o exterior". Esse tipo de tensão é bem conhecido para quem já se sentiu constrangido por causa de conterrâneos em outro país ou, em contraste, já teve a sensação de que até o mais insuportável membro da família tem de ser defendido de críticas vindas de fora. Orwell, de fato, levou essa analogia o mais longe que pôde, quando não longe demais, em seus outros escritos do tempo da guerra. A Inglaterra era uma família que estava sob o controle dos membros errados, ele escreveu, com parentes ricos que são horrivelmente bajulados e parentes pobres horrivelmente pisados. E ainda por cima com uma terrível conspiração de silêncio sobre a fonte de renda da família. (A propósito, esse mapa do clã é notável por não mencionar um pai: uma rara revelação involuntária da atormentada relação de Orwell com seu genitor.)

Orwell era tão hostil ao patriotismo convencional e tinha tanto horror ao cinismo e à estupidez dos conservadores diante do fascismo que, por algum tempo, foi acometido pela crença de que a "Grã-Bretanha" em si, ou como ela era definida, não merecia que se lutasse por ela. Em agosto de 1937 ele escreveu, enfurecido:

> É extremamente necessário levar as pessoas a ver o que há por trás das lorotas contadas sobre "lutar contra o fascismo", pois do contrário logo nos veremos engajados em outra guerra imperialista (contra a Alemanha), que será fantasiada de "guerra contra o fascismo", e outros 10 milhões de homens estarão mortos antes que as pessoas se deem conta de que o fascismo e a chamada democracia são farinha do mesmo saco.

Em uma campanha cada vez mais forçada, ele se aferrou a uma versão desse ponto de vista até que a guerra bateu à porta. Chegou a fazer, a pessoas que muito provavelmente nada ajudariam, algumas propostas extremamente tolas de resistência clandestina ao governo Churchill. Foi com evidente alívio que Orwell deixou de lado essa posição sem esperança e se tornou uma espécie de membro da Home Guard pós-trotskista (ver p. 48). Isso também o levou ao erro, como ele mais tarde confessaria aos leitores da *Partisan Review* no inverno de 1944:

> Não partilho do ódio do intelectual inglês médio por seu país e não me consterno com uma vitória britânica. Mas exatamente pela mesma razão não fui capaz de enxergar o verdadeiro quadro dos acontecimentos políticos. *Detesto ver a Inglaterra humilhada ou humilhando alguém.* Gostaria de pensar que não seremos derrotados e também gostaria de pensar que as distinções de classe e a exploração imperialista das quais sinto vergonha não retornarão. Dei um destaque excessivo ao caráter antifascista da guerra, exagerei

as mudanças sociais que realmente vinham ocorrendo e subestimei o imenso poder das forças da reação. Essa falsificação inconsciente coloriu todas as minhas cartas anteriores a vocês [...] [grifo meu].

Orwell, como escritor, media constantemente sua própria temperatura. Se o termômetro a registrasse alta demais ou baixa demais, tratava de corrigi-la. Era capaz de analisar as suposições implícitas de uma piada de escocês ou judeu com a mesma facilidade com que podia escrever que o Império Britânico favorecia "quadrilhas de judeus e escoceses". Sua defesa da culinária inglesa e do *pub* foi escrita com toda a sinceridade, mas ele conhecia e censurava a horrível tirania da cozinha nacional e os restritivos horários em que era permitida a venda de bebidas alcoólicas. Somente em duas das imagens mais batidas ele mostrou o que se poderia considerar uma visão totalmente convencional. Seu longo ensaio sobre o modo apropriado de fazer chá é altamente ortodoxo, inclusive no crucial detalhe de levar o bule até a chaleira e não vice-versa. E tinha absoluta convicção de que o sistema métrico — uma questão que viraria um vespeiro na Inglaterra nos primeiros anos do atual milênio — era, sabe-se lá por quê, inadequado aos humanos, que dirá então aos ingleses.

Orwell reconhecia a necessidade do sistema métrico para fins industriais e científicos. No entanto, disse:

O sistema métrico não possui, ou não conseguiu estabelecer, um grande número de unidades que possam ser visualizadas. Por exemplo, não existe efetivamente uma unidade entre o metro, que é mais do que uma jarda, e o centímetro, que é menos de meia polegada. Em inglês podemos dizer que alguém tem cinco pés e três polegadas de altura [...] mas nunca ouvi um francês dizer "ele tem cento e quarenta e dois centímetros de altura"; isso não transmitiria nenhuma imagem visual.

No aspecto literário da questão, que naturalmente ele não negligenciou, Orwell salientou que "os nomes das unidades no sistema antigo são palavras curtas e caseiras que se prestam a uma fala vigorosa. A expressão *put a quart into a pint pot** é uma boa imagem, que dificilmente poderia expressar-se no sistema métrico". Havia ainda a questão da literatura do passado, com suas milhas e *furlongs*. Ele escreveu isso em 1947. Não passou muito tempo e ele se queixou a seu agente de que os editores americanos de *1984*, na etapa das provas, haviam convertido todas as suas medidas métricas para a forma antiga: "O uso do sistema métrico era parte da trama, e não quero que o mudem se for possível evitar". Logo se vê o porquê. Quando Winston Smith mete-se nos bairros miseráveis com os proletas no capítulo 8, entabula uma conversa vazia com um velho confuso cuja memória — tão crucial para Winston — é um desastre, exceto em detalhes sem importância:

"Falei com educação, não falei?", dizia o velho, empertigando os ombros, belicoso. "Está me dizendo que não tem uma caneca de um quartilho nesta porcaria de boteco?"

"E que droga de quartilho é essa?", retrucou o barman, inclinando-se para a frente, as pontas dos dedos apoiadas no balcão.

"Ó o sujeito! Diz que é dono de botequim e não sabe o que é quartilho! Ora, um quartilho é um quarto de galão. Daqui a pouco vou ter que te ensinar o abecê."

"Nunca ouvi falar", disse laconicamente o barman. "Nós, aqui, só temos copos de um litro e copos de meio litro."

Nesse diálogo grosseiro, Orwell consegue retratar um povo desarraigado e embrutecido pela bebida, violentamente alienado das coisas que lhe eram familiares e estimadas.

---

* Pôr um quarto em um quartilho, ou seja, fazer algo impossível. (N. T.)

Mas uma atenção às mais sutis inflexões da língua e das palavras é outra característica que distingue Orwell da escola da "Merrie England".* Quando o nacionalismo inglês voltou a despertar no início dos anos 2000, alguns escritores polêmicos — entre eles meu irmão Peter, um tóri — começaram a apregoar que o inglês é uma língua na qual é mais fácil dizer a verdade do que mentir. Peter contou-me, depois de eu ter insistido com ele, que talvez tivesse absorvido essa ideia de um romance de Simon Raven. Mudou de ideia posteriormente a esse respeito, mas um dos dois, ou ambos, talvez tenha se inspirado, até em um nível subliminar, em outra fonte comum:

Falem conosco em nossa língua inglesa, a língua feita para dizer a verdade, já sintonizada com canções que impressionam demoradamente o ouvinte como a melancolia da primavera [...]. Estes não são pensamentos para o dia a dia, nem palavras para qualquer companhia; mas na véspera de são Jorge, na Sociedade de São Jorge, não será apropriado que os pensemos e falemos, para renovar e fortalecer nossas resoluções e lealdades que a reserva inglesa em outras ocasiões faz bem em manter em silêncio?

São palavras de Enoch Powell em discurso à Sociedade de São Jorge em 1969. (Desconsiderando seu conselho a respeito da reticência nativa, ele reproduziu essa retórica no clímax de seu livro *Freedom and reality*.)

Não é difícil imaginar o que Orwell teria pensado dessa prosa empolada. Deixe-se de lado a patriotada do powellismo: Orwell dedicara seu clássico ensaio "Politics and the English language" a anatomizar os mais consternadores exemplos de verborragia e

---

* Expressão que denota nostalgia por um suposto caráter inglês essencial que se perde com a modernidade. (N. T.)

deturpação, todos em inglês. Sua versão de são Jorge também era capaz de matar, e de bom grado, os dragões nacionais, e de atacar, em vez de transmitir ou representar, os mitos nativos. Ele chamou seu filho adotivo de Richard Horatio, e no entanto recomendava aos amigos uma visita à catedral de St. Paul para ver as estátuas de bispos coloniais e "dar boas risadas". Seu interesse pelo inglês como idioma — sem falar na engenhosidade da língua para o eufemismo e a propaganda e sua incomparável tradição literária — derivava, em boa medida, de sua presciente convicção de que o inglês viria a ser uma língua internacional e, portanto, que a tarefa de manter esse idioma relativamente despoluído era um grandioso projeto da humanidade. Em seu comentário sobre a célebre análise de F. R. Leavis do "inglês" como "a grande tradição" [no livro *The great tradition*] — uma tradição que deliberadamente excluiu homens como Milton —, Orwell discorreu sobre a proposta representatividade de George Eliot, Henry James, Joseph Conrad e Jane Austen e salientou que "dois desses 'escritores ingleses' nem ao menos são ingleses, e um deles, Conrad, só bebe em fontes francesas e russas".

A questão inglesa está inextricavelmente vinculada à vida rural e, de um modo mais ou menos relacionado, ao amor nacional pelos animais. Orwell passou muitos anos frugais administrando uma loja rural com uma pequena propriedade agrícola anexa em Wallington, Hertfordshire, e cultivando alguns inóspitos hectares na remota ilha escocesa de Jura. Ele gostava de plantar e tinha boa noção dos ritmos da natureza. Justamente por isso, não tendia a romantizar o culto do bucólico. Na resenha de um livro intitulado *The way of a countryman*, em 1944, ele escreveu:

> Não há dúvida de que um amor pelo que é imprecisamente chamado de "natureza" — um martim-pescador num mergulho relâmpago no rio, o ninho musgoso de um pisco-chilreiro, as mos-

cas-d'água no fosso — é muito disseminado na Inglaterra, sem distinção de faixa etária e até de classe, e em algumas pessoas atinge uma intensidade quase mística.

Se esse é ou não um sintoma sadio, é outra questão. Ele surge, em parte, do pequeno tamanho, do clima uniforme e dos cenários variados da Inglaterra, mas provavelmente também tem ligação com a decadência da agricultura inglesa. A gente rústica de verdade não tem consciência de ser pitoresca, não constrói santuários de aves, não se interessa por nenhum pássaro ou animal que não a afete diretamente [...]. O fato é que os que realmente precisam lidar com a natureza não têm motivo para sentir paixão por ela.

Orwell também destacou a fatal tendência de muitos devaneios ruralistas a retratar a Inglaterra como um lugar repleto de criaturas selvagens mas sem pessoas. (E em Jura descobriu que criar porcos podia ser uma ocupação abominável.)

Com outra parte da mente, porém, Orwell sentia imensa ternura pelos pássaros, animais de criação, flores e árvores. Demorou um tempo considerável até que ele conseguisse aproveitar plenamente esse elemento na criação de *A revolução dos bichos*, mas podemos identificar sua anglicidade (e também seu distanciamento da anglicidade) acompanhando essa pista. "A maioria das boas lembranças da minha infância e até os vinte anos", ele disse, "tem alguma ligação com animais." Seria igualmente verdade dizer que algumas de suas piores lembranças da vida adulta estiveram condicionadas desse mesmo modo. O soldado britânico de Rudyard Kipling, ansiando por Mandalay, para e repete a si mesmo, admirado, quando recorda elefantes pacificamente empilhando toras ao entardecer: "Elefantes amontoando teca!". Em um episódio famoso, Orwell atirou em um elefante birmanês numa vergonhosa tentativa de demonstrar a intrepidez e a resolução britânicas diante de uma multidão intratável; seu personagem Flory em *Dias na Birmânia* faz a mesma coisa (embora as circunstâncias não sejam especificadas) e vê sua ação da perspectiva de um assassinato. Sabemos imediatamente que a moça que conquista o coração de Flory, Elizabeth Lackersteen, não é boa gente. Deduzimos isso porque ela tem medo de animais — do mesmo modo que sente repulsa pelos birmaneses — ou deseja caçá-los e matá-los. (Ela "vibra" quando Flory lhe confessa ter matado o elefante.) Mais tarde ela sofre uma bem merecida humilhação nas mãos do detestável Verrall, o exato modelo do caçador, atirador e jogador de polo que, a seu modo insensível, prefere animais a pessoas. Esse lado reverso do caráter britânico ou inglês não exercia atração sobre Orwell; ele compreendia a relação entre sentimentalismo e brutalidade e se irritava com os visitantes em países pobres que deploravam os coitados dos jumentos exaustos de trabalhar mas mal reparavam na "anciã sob o fardo de gravetos". (No Marrocos ele notou e lamentou essa própria cegueira em si mesmo.)

Em dezembro de 2000, Margaret Drabble fez a leitura de um artigo intitulado "Of beasts and men: Orwell on Beastliness" [Sobre bichos e homens: Orwell e a bestialidade] para a Royal Society of Literature. Começou ressaltando o uso repetitivo da palavra "*beastly*" [bestial] na ficção e nos ensaios de Orwell. Era, evidentemente, um termo de infância do qual ele nunca se separou. Ela observou corretamente que, quando ela própria era criança, essa palavra era muito comum na gíria da classe média; e ainda estava em uso, embora fosse um tanto antiquada, em meus tempos de escola, quando a empregávamos para qualificar alguma coisa de repulsivo, maçante ("Um filme bestial") ou rude — e na hoje esquecida canção "Don't let's be beastly to the Germans" [Não sejamos rudes com os alemães]. (O oposto desse termo, que Drabble poderia ter julgado digno de menção, era a palavra "*decent*" [decente], outro termo habitualmente aplicado a Orwell como homem e como escritor, e também mais uma das supostas "virtudes inglesas".) Havia ainda uma terceira implicação, a de transgressão sexual. Cometer "bestialidade" era conspurcar o templo do corpo, algo que, como Orwell descobriu em seu internato, era assombrosamente fácil de se fazer ou, de qualquer modo, de ser acusado de ter feito.

Orwell costumava usar o termo "animal" ou "bestial" para resumir alguém de quem não gostasse. No entanto, o hino "Bichos da Inglaterra", recuperado do passado áureo pelo velho porco Major, cantado com eloquência sobre um áureo futuro e tornado tão comovente pelos oprimidos animais da granja, não insinua nada de pejorativo na palavra "bicho", do mesmo modo como não sou culpado de incidir em "especismo" quando empreguei a palavra "brutalidade" dois parágrafos atrás. A solução para essa aparente contradição, a meu ver, encontra-se no senso de proporção de Orwell. Ele abominava a crueldade contra criaturas irracionais, mas achava o vegetarianismo ridículo. Gostava muito de animais, porém geralmente representava os fanáticos por bichos de estimação como pessoas um tanto desprezíveis. Tinha um cão chamado Marx, mas fazia-o trabalhar numa fazenda. Adorava pescar, e no entanto é impossível imaginá-lo criando um peixe em aquário. Amava a paisagem, mas não a queria despovoada — como fora na história inglesa — para dar lugar a ovelhas, faisões ou veados. As partes da "criação" têm seu lugar, mas seu lugar é num todo.

Assim, o esquema de *A revolução dos bichos* deve sua profundidade e também sua simplicidade ao fato de que os animais não são todos iguais. Em um mundo de alegoria antropomórfica (no qual todos os homens são brutos), os animais podem ser diferenciados. Por exemplo, os porcos — que Orwell desprezava — pelo menos recebem notas altas pela inteligência, enquanto os cães — a quem ele muito admirava — são explorados e, por sua célebre lealdade, são aproveitados como impositores das regras. Orwell foi desde pequeno influenciado pela obra de Jonathan Swift, e seu fascínio pelas metáforas envolvendo criaturas não humanas (sem falar em sua obsessiva repugnância e sua incapacidade de afastar pensamentos ligados à sordidez) deve muito a esse autor. O limpo e honesto mundo dos Houyhnhnms em *Viagens de Gulliver* é parcialmente recriado em *A revolução dos bichos*; a morte do ferrenho e obtuso cavalo Sansão comove até mais — por causa da colossal inocência e mansidão do animal — do que a estrepitosa agonia final do elefante birmanês que Orwell matou na vida real.

Jean-Paul Sartre, que Orwell via com grande desconfiança, fez uma observação sobre os monstros de romances e da ficção científica. O que tememos é uma criatura de muita astúcia e energia, ele disse, totalmente livre de escrúpulos morais ou mamíferos. Essa, ele prosseguiu, é uma descrição exata da nossa própria espécie em tempos de guerra ou escassez. Portanto, é perfeito, a seu modo, que os desumanizados torturadores de *1984* demonstrem seu engenho puramente humano quando concebem a punição com ratos. Assim como Orwell pôde empregar uma versão do bucolismo inglês — a Granja do Solar — para evocar o Gulag e a revolução traída, também pôde começar com uma versão inglesa do Gulag e povoá-la com apenas um animal selvagem com o objetivo de induzir um terror sufocante.

(Uma palavra sobre a aspidistra. Essa planta de vaso favorita das donas de pensão e dos mortos-vivos respeitáveis está hoje tão fora de moda que faz o fascínio de Orwell por ela parecer excêntrico e até antiquado. Ela surge várias vezes, não só no romance epônimo [*Keep the aspidistra flying*, traduzido no Brasil com o título *A flor da Inglaterra*] mas também em *A filha do reverendo*, onde um vigário sem batina é visto cantando "Keep the as-pi-distra flying" com a melodia de "Deutschland Über Alles" em meio aos miseráveis de Trafalgar Square. E figura também em *Dias na Birmânia*, quando Flory sai à procura de paz e natureza na mata e se vê impedido de avançar "onde a picada estava bloqueada por plantas imensas, feias, que lembravam aspidistras ampliadas". A ideia original da aspidistra como um fetiche ocorreu a Orwell por via do célebre romance proletário de Robert Tressell, *The ragged-trousered philanthropists*, no qual um carpinteiro famélico é forçado a penhorar tudo, mas não abre mão de seu vaso de planta, um símbolo idiota de status social. Desconfio que, para Orwell, aquela coisa desenraizada e replantada era *desnaturada*, uma versão postiça ou *kitsch* de planta disfarçada de vegetação em meio aos desarraigados e aos moradores de bairros de classe média. Em poucas palavras, o que ele apreciava e respeitava era a coisa real.)

Hoje temos uma ideia bem melhor da nossa relação com a ordem natural e do quanto dependemos dela. A destruição das florestas pluviais e a exploração malsã de animais de criação, com suas medonhas consequências para os humanos, estão no centro de preocupações modernas, não nostálgicas. Ainda mais destaque é dado à elucidação do genoma humano, que demonstra concretamente o que a intuição já apontava como óbvio: nosso parentesco com os outros animais e as outras espécies de seres vivos. Nesse sentido científico, o instinto de Orwell sobre o equilíbrio da natureza não tinha nada de especialmente inglês. Ele foi uma prefiguração do humanismo universal que encontramos em toda a sua obra.

Muitos afirmam que a história e a literatura, sua tradição e continuidade, são as escoras culturais da anglicidade. Mas Orwell sentia apenas desprezo pela ideia da história inglesa como um desfile de monarcas e um registro de batalhas gloriosas. Ele nunca perdeu uma oportunidade, em seus romances e ensaios, de ridicularizar a escola do "1066 and all that".* Ele aparentemente gostou quando descobriu que o grande panfletista do século XVII do grupo Diggers, Gerrard Winstanley, era proveniente de Wigan. Citando na íntegra um esplêndido trecho de Winstanley com uma invectiva contra o jugo normando, ele encerrou assim o excerto:

> Tu, vendada, modorrenta Inglaterra, a dormir e roncar no leito da cobiça, acorda, acorda! Tens o inimigo às costas, pronto para escalar os muros e tomar posse, e não te acautelas?
> Quem me dera que os nossos trotskistas e anarquistas modernos — que na prática estão dizendo a mesma coisa — soubessem escrever em prosa assim!

Orwell, dessa perspectiva, era "inglês" no mesmo sentido que Thomas Rainsborough e Tom Paine eram ingleses: as ideias deles também se destinavam ao consumo universal. O texto de justificação favorito de Orwell era o verso de Milton "By the known rules of ancient liberty" [Pelas regras conhecidas da imemorial liberdade] — a tradição inglesa que tinha de se impor repetidamente às autoridades britânicas.

No final, é verdade, seu sentimento pela natureza violada e pela língua profanada fluiu sob uma forma mais "tradicional". Quando Winston Smith estava aguardando nas aterradoras antecâmaras do quartel-general da Polícia do Pensamento, encontra com Ampleforth, o insensível técnico cujo trabalho fora reescre-

---

* *1066 and all that: a memorable history of England, comprising all the parts you can remember, including 103 good things, 5 bad kings and 2 genuine dates* [1066 e tudo aquilo: uma memorável história da Inglaterra, abrangendo todas as partes que você consegue lembrar, incluindo 103 coisas boas, cinco maus reis e duas datas genuínas] é uma irreverente recapitulação da história da Inglaterra por W. C. Sellar e R. J. Yeatman, inicialmente publicada em série na revista *Punch* nos anos 1930. (N. T.)

ver a literatura inglesa segundo o gosto do Partido. Que falta poderia ter cometido aquele diligente escrevinhador?

"Foi uma indiscrição, sem dúvida. Estávamos preparando uma edição definitiva dos poemas de Kipling. Deixei a palavra 'Deus' no final de um verso. Não consegui agir de outro modo!", acrescentou, quase indignado, erguendo o rosto para olhar Winston. "Impossível mudar o verso. O problema era a rima: só existem doze palavras em toda a língua com aquela rima. [...] Alguma vez lhe ocorreu", disse, "que a história da poesia inglesa foi determinada pelo fato de a língua inglesa carecer de rimas?"

Esse momento Kipling nas entranhas do Ministério do Amor é precedido e sucedido por um sonho recorrente de Winston. Ele sonha com uma paisagem que batizou intimamente de "Terra Dourada":

Era um pasto antigo recortado pelas dentadas dos coelhos e percorrido por uma trilha sinuosa, com um ou outro promontório de toupeira. Na sebe irregular do outro lado do campo, a brisa balançava muito suavemente os ramos dos olmos, com suas folhas estremecendo de leve em densas massas que lembravam cabelos de mulher. Em algum lugar bem próximo mas que o olhar não alcançava, havia uma torrente límpida movendo-se devagar; nela, os robalinhos nadavam nas poças sob os chorões.

E desse sonho "Winston acordou com a palavra 'Shakespeare' nos lábios". Seja essa a terra comum que Winstanley defendeu dos nobres saqueadores, seja o mais embelezado e domesticado "velho, dourado rossio" de A. A. Milne, sem dúvida não se trata de nenhum pedaço de terra estrangeira.

6. Orwell e as feministas: dificuldades com as mulheres

A relação de George Orwell com o sexo feminino foi em geral conturbada, e ele tinha tendência a deixar que isso transparecesse. Em seu último caderno de anotações, encontramos o seguinte texto, que pode ser o esboço de um conto ou, mais provavelmente, um fragmento autobiográfico:

> As conversas que ele entreouviu quando menino, entre a mãe, a tia, a irmã mais velha (?) e suas amigas feministas. O modo como, sem jamais ter ouvido nenhuma declaração direta sobre isso, e tendo apenas uma vaga ideia das relações entre os sexos, ele formou uma firme impressão de que as mulheres *não gostavam* de homens, que os desprezavam como um tipo de animal grande, feio, fedorento e ridículo que maltratava as mulheres de todas as maneiras, sobretudo forçando-lhes suas atenções. Ficou profundamente impresso em sua consciência, ali permanecendo até que ele tinha uns vinte anos, que a relação sexual dá prazer unicamente ao homem [...] e a imagem disso em sua mente era a de um homem perseguin-

do uma mulher, forçando-a a abaixar-se e pulando em cima dela, como ele vira várias vezes um galo fazer com uma galinha.

O narrador de *A flor da Inglaterra* inicia o capítulo 6 com as palavras:

> Essa história de mulher! Quanto aborrecimento! Pena não conseguirmos cortar por completo, ou pelo menos nos comportar como os animais — minutos de luxúria feroz e depois meses de gélida castidade. O faisão macho, por exemplo. Pula no lombo da fêmea sem dó e sem pedir licença. E, assim que acaba, a coisa sai completamente da sua cabeça. Mal repara nas fêmeas; ele as ignora, ou se limita a cobri-las de bicadas quando se aproximam demais da sua comida. E nem é chamado a contribuir para a alimentação dos rebentos. Quanta sorte, a do faisão! Como o seu destino era diferente do senhor da criação, sempre às voltas com a memória e a consciência!

Muita verdade é dita em chistes, e há uma óbvia intenção de fazer graça no trecho acima, mas quase não será exagero dizer que Orwell escrevia para um público masculino. Além disso, nem em sua ficção nem em seu jornalismo a palavra "feminista" jamais foi usada, exceto com sarcasmo. Ele incluiu as feministas em seu célebre rol de crentes estapafúrdios e ridículos, em companhia de vegetarianos, quacres, alternativos e outros excêntricos em *O caminho para Wigan Pier*. Portanto, se havia uma balança de poder entre os sexos, Orwell parece ter sido de opinião que, na verdade, ela já pendia o bastante para o feminino.

Os biógrafos não conseguiram ir muito além do que é encontrado nos textos de Orwell para localizar a fonte, ou as fontes, dessas tribulações. A mãe de Orwell talvez fosse um tanto intimidadora (embora menos do que o pai). Ele sempre se achou destituído de atrativos para o sexo oposto. Em seu famigerado internato, imortalizado em "Such, such were the joys", foi a *mulher* do diretor, a cruel e misteriosamente sagaz e traiçoeira "Flip", quem conseguiu detectar os pontos fracos do menino e humilhá-lo. Numa cena especialmente marcante, essa mulher aterradora consegue combinar a ignomínia de ter molhado a cama, a ameaça de castigo físico e a agonia da vergonha sexual em um episódio martirizante. O menino Eric Blair foi impelido a confrontar a ideia de obscenidade e indecência antes de possuir qualquer concepção sobre amor, sexo e muito menos a relação entre essas duas coisas.

Muitos jovens ingleses, prejudicados exatamente desse modo, partiram para as colônias e se tornaram uma praga para as "nativas". Orwell nunca apontou uma razão para sua exoneração da polícia birmanesa, mas a meu ver tudo indica que tenha sido esse elemento latente, aliado a uma repulsa mais generalizada contra o imperialismo, que o levou a tomar tal decisão. O sistema de exploração na Birmânia dependia, no aspecto social, de uma dupla indecência. Até o mais instruído birmanês ou indiano podia ser e era barrado no Clube Inglês. Mas até a mais ignorante moça birmanesa podia ser admitida no bangalô do homem branco — por dinheiro e pela porta dos fundos. (Flory, em *Dias na Birmânia*, admite em um comentário discreto *ter comprado* sua amante nativa da família dela.) Além disso, na repressão dos birmaneses como povo há uma inegável excitação pelo domínio; bastam umas poucas frases de Ellis, o sádico do clube, para deduzirmos que tipo de imundícies lampejam permanentemente em sua cabeça e percebermos a grande aptidão de Orwell para detectá-las.

Esta última observação pode ser a crucial, já que esse tipo de descortino costuma provir de quem não tem nesse terreno uma consciência limpa. Orwell também podia gracejar sobre o assunto, como em carta à amiga Brenda Salkeld em 1934:

Almocei ontem com o sr. Ede. Ele é um tanto feminista e acha que se uma mulher fosse criada exatamente como um homem seria capaz de atirar uma pedra, construir um silogismo, guardar um segredo etc. Disse que minhas ideias antifeministas provavelmente provêm de sadismo! Nunca li romances do Marquês de Sade — infelizmente, são difíceis de obter.

Essa amiga, mais tarde, opinaria no Terceiro Programa da BBC, em 1960, que "ele não gostava realmente de mulheres". Essa imputação impossível de comprovar foi desde então feita por várias feministas de "esquerda", com destaque para Beatrix Campbell em seu livro de 1984 *Wigan Pier revisited*. O texto é um tanto estorvado pela tendência da autora a criticar Orwell por abordar questões da perspectiva da classe média, o que, evidentemente, foi todo o intuito de sua expedição e é expresso com clareza nas páginas iniciais do livro. A autora pisa em terreno um pouco mais seguro quando analisa a perspectiva masculina de Orwell, no mínimo porque ele não a esclareceu logo de saída.

Alerta para as implicações ideológicas do corpo e do olhar, Campbell prontamente reparou na ênfase dada por Orwell ao físico dos mineiros de carvão, na descoberta de que "só quando você vê esses *fillers* lá embaixo na mina, nus, é que percebe como são esplêndidos esses homens. A maioria deles é baixinho (os altos estão em desvantagem nesse trabalho), mas quase todos têm um corpo absolutamente nobre: ombros largos que vão se afinando até a cintura delgada e flexível, nádegas pequenas e bem pronunciadas, e coxas rijas, sem excesso de carne em parte alguma". Certamente temos aqui a influência da classe: palavras como esplêndido e nobre são usadas pelos oficiais para qualificar "espécimes" incomumente bons nos escalões inferiores; de fato, Orwell emprega o que Campbell qualifica de um elogio etoniano quando diz que os mineiros tinham a "silhueta de um soldado".

(O Sindicato Nacional dos Mineiros foi conhecido até meados dos anos 1980 como "Brigada dos Guardas do Movimento Operário".)

Haverá nisso um indício de homoerotismo? É difícil afirmar com segurança que não haja. Sabemos que Cyril Connolly, em Eton, caçoava impiedosamente de Orwell por estar "vidrado" em outro garoto; embora isso pudesse ter sido bastante banal, também temos a declaração do amigo e colega Rayner Heppenstall de que, quando adulto, fora objeto de uma "paixonite" homossexual de Orwell. A única moça realmente atraente na ficção de Orwell, a atrevida Elizabeth Lackersteen de *Dias na Birmânia*, é descrita com um físico de garoto. Talvez não seja recomendável prosseguir nesse assunto, mas a segunda moça mais atraente, a Rosemary de *A flor da Inglaterra*, é elogiada especificamente por seu "traseiro". E, pensando bem, a segunda mulher de Orwell, Sonia Brownell, era conhecida como "Buttocks [nádegas] Brownell" mesmo fora da mal-afamada redação da revista *Horizon*. Por outro lado, D. H. Lawrence também evidenciou certo interesse por nádegas e escreveu reveladoramente sobre a beleza física dos mineiros sem recair na suspeita de estar no armário. Certa vez perguntei a Irving Kristol, que ajudara Stephen Spender a editar a revista *Encounter* nos anos 1960, o que ele achava da mudança cultural de Nova York para Londres naqueles tempos. Ele respondeu, muito friamente, que ele e sua mulher ficaram impressionados com o grande número de homossexuais que parecia haver. Lembro-me de ter me admirado com o espanto dele. Do mesmo modo parece no mínimo equivocado por parte de Orwell surpreender-se com o fato de que, no mundo das artes e das letras, tantos cavalheiros prefiram cavalheiros.

Mais sugestivo no sentido da psicologia popular é justamente o flagrante fato de que Orwell parecia incapaz de deixar esse assunto de lado. Ele se desdobrava para escarmentar os "efeminados", os "maricas" e a "sodomia", o que, como acabamos aprendendo, pode ser um mau sinal. Mas ainda assim não podemos ter certeza absoluta de que isso autorize a opinião de Beatrix Campbell de que os homens são praticantes do "narcisismo em massa", ao passo que o mesmo não se pode dizer das mulheres, "porque são um sexo subordinado". Para começar, parece haver aqui um potencial *non sequitur*. O narcisismo não poderia ser um consolo para as subordinadas?

As áreas industriais visitadas por Orwell eram dominadas pelo algodão e pelo carvão, e Campbell ressalta, acertadamente, que Orwell, ao privilegiar o segundo em detrimento do primeiro, desconsiderou a industrialização do trabalho feminino. Desconsiderou-a também no caso do carvão, ignorando, ou não levando em conta, a longa história da labuta feminina "na boca do poço"; essa contribuição feminina para o carregamento do carvão centralizava-se especificamente na região de Wigan. As mulheres não são invisíveis nos relatos de viagens de Orwell, mas aparecem como esposas, filhas ou jovens presas à maçante lide doméstica. Se Orwell soubesse sobre as mulheres que trabalhavam nas minas, parece provável que ficasse consternado: a maioria das pessoas instruídas imaginava que mulheres e crianças vinham sendo poupadas de trabalhos árduos desse tipo no mínimo desde o tempo de lorde Shaftesbury.*

A certa altura, Orwell cogitou repetir seu sucesso na análise das revistas para meninos com um ensaio sobre as revistas femininas. Baseada nos fragmentos do que ele chegou a dizer, outra crítica feminista, Deirdre Beddoe, acha que esse nunca tentado ou nunca encomendado artigo não teria sido grande coisa:

---

* Lorde Shaftesbury (1801-85) liderou um movimento em prol de uma legislação que determinasse condições mais humanas nas fábricas e minas e restrições ao emprego de mulheres e crianças. (N. T.)

A percepção de Orwell sobre as divisões de classe na sociedade era acompanhada por uma incompreensão das divisões de gênero, e está sintetizada em sua análise das revistas femininas. Ele tinha uma noção perspicaz de que essas revistas projetam a fantasia de "fingir ser mais rica do que se é" para a jovem operária entediada ou para a exausta mãe de cinco filhos, mas ignorava totalmente como essas publicações reforçavam as divisões de gênero na sociedade e promoviam o estereótipo feminino dominante dos anos entreguerras: a dona de casa.

Esse poderia ser um pecado de omissão. Beddoe prossegue queixando-se das mulheres nos romances de Orwell, que são megeras ou simplórias, *vamps* ou desmazeladas, ou então (exceto a Julia de *1984*) cobiçosas e conformistas. Isso é mesmo verdade. E vale ainda mais para Mimosa, a "égua branca, vaidosa e fútil" de *A revolução dos bichos*, que se vende por um punhado de fitas e alguns torrões de açúcar. Não que os homens nesses romances — combalidos, esqueléticos ou balofos, egoístas, rancorosos e deprimidos — sejam modelos de perfeição. No entanto, Beddoe tem razão em um aspecto. Todas as personagens femininas são praticamente desprovidas do menor traço de capacidade intelectual ou reflexiva. Elizabeth Lackersteen é estouvadamente ignorante a ponto de estarrecer até o apaixonado Flory quando ele percebe o fato. Dorothy, de *A filha do reverendo*, funciona movida por uma fé cristã cega e simples, não consegue defender seu ponto de vista em uma discussão elementar com o ateu do vilarejo e desmorona junto com suas crenças. Hilda, mulher de George Bowling em *Um pouco de ar, por favor!*, é uma mulher sovina e macambúzia que só vai com o marido às reuniões do Clube do Livro da Esquerda porque a entrada é grátis. A meiga Rosemary de *A flor da Inglaterra* nunca nem mesmo finge ter alguma ideia a respeito do que Gordon está falando. Quando Winston Smith começa a ler em voz alta o excitante e perigoso manuscrito proibido de Emmanuel Goldstein em *1984*, sua pretensa cúmplice na conspiração, Julia, imediatamente ferra no sono.

O que podemos dizer aqui em defesa de Orwell? Parte de seu empreendimento ficcional destinava-se a representar o beco sem saída que era a vida inglesa em muitos aspectos. Poucas imagens conseguem salientar isso mais eloquentemente do que a de uma mulher definhando. Em uma das melhores passagens de *A filha do reverendo*, Dorothy vê-se encalhada como professora em uma escola abominável cujo exato propósito é a deliberada estultificação de meninas. George Bowling estremece ao ver uma vendedora ser intimidada e maltratada por um perverso supervisor. Embora passe despercebido a Campbell e Beddoe, que o acusam de desconsiderar a vasta força de trabalho oculta das trabalhadoras domésticas, os romances e as colunas de Orwell fazem frequentes referências à vida deplorável precisamente dessa classe de "burras de carga". E quando Beddoe afirma, sobre *A flor da Inglaterra*, que o livro mostra leitoras simplórias tendo paixonites por escritoras de décima categoria, mas não o equivalente masculino da leitora ou da escritora, ela meramente trai o fato de não haver terminado de ler o que é, afinal de contas, um romance razoavelmente curto e direto.

Sabemos que Orwell desposou uma mulher enérgica e muito inteligente, Eileen O'Shaughnessy, que perdeu a vida em uma cirurgia malfeita. Ele admitiu mais tarde tê-la tratado mal às vezes, mas todas as testemunhas concordam que Orwell era devotado à mulher e que ficou quase sem palavras com sua perda. Orwell apaixonou-se por Celia Kirwan, uma das mais brilhantes e mais belas mulheres de sua geração. Pediu-a em casamento, mas foi recusado. Já à beira da morte, o agonizante Orwell propôs casamento a Sonia Brownell e foi aceito. Embora ela tivesse uma índole difícil, não podia ser tachada de fútil ou insípida. Isso merece ser registrado na coluna de crédito do livro de contas, ainda que, como recentemente se ficou sabendo, o moribundo Orwell às vezes insinuasse às mulheres que elas podiam ser tentadas pela sinecura vitalícia de ser "viúva de escritor". Mesmo com o que tem de indigno e patético, essa não é uma proposta que ele faria a uma mulher que lhe parecesse estúpida.

"As mulheres na ficção de Orwell não têm capacidade para ser feliz sem homens" é o batido comentário de Beddoe. Seria igualmente perspicaz dizer que elas — Dorothy, por exemplo — são incapazes de ser feliz ou que são infelicitadas por homens. E decerto é verdade dizer que os homens na ficção de Orwell são totalmente incapazes de ser feliz sem mulheres. É verdade que eles se ressentem da necessidade de mulher, coisa que ocorre com muitos homens e obviamente também acontecia com Orwell. É verdade que desconfiam do vínculo matrimonial como uma "armadilha" preparada por uma sociedade hipócrita e aquisitiva. Mas escrever sobre as relações entre homens e mulheres em qualquer década e omitir esses elementos seria abandonar a verossimilhança.

Com uma análise criteriosa, percebe-se que o verdadeiro preconceito de Orwell era contra a mulher assexuada ou a mulher que perdeu seu sexo, atrofiou-se ou se masculinizou. Esse é um batido tropo masculino; no caso de Orwell, parece encaixar--se em uma aversão ou suspeita mais abrangente contra tudo o que fosse "antinatural". A grande surpresa quando examinamos as críticas feministas a Orwell é deixarem de notar sua repulsa pelo aborto e pelo controle da natalidade. Ele nunca dedicou toda uma análise a esse tema, mas esquivava-se, repugnado, sempre que o assunto lhe era imposto. Durante a Segunda Guerra Mundial, ele salientou que os produtos contendo borracha, um material que andava escasso, haviam passado a ser de má qualidade e difíceis de encontrar, mas em contrapartida os contraceptivos masculinos eram muito bons e bastante disponíveis. Sempre que ele retratou com palavras algum insensato estado custodiador do futuro, a lista de suas características subutópicas infalivelmente incluiu uma desdenhosa referência a alguma clínica de aborto ou ao controle da natalidade. E sempre que seu assunto era população, ele adotava a soturna visão antimalthusiana de que ela não estava conseguindo reproduzir-se com suficiente rapidez ou vigor. Em certas cartas e relatos biográficos, transparece que ele se acreditava estéril; isso avolumava o fardo maior sob o qual ele vergava em suas relações com as mulheres.

A Rosemary de *A flor da Inglaterra* é, nesse aspecto, a grande exceção. Mesmo quando engravida em consequência de sua primeira (e muito decepcionante) relação sexual, ela se recusa a fazer qualquer chantagem moral contra o nada cativante Gordon Comstock. Portanto, é por iniciativa própria que ele decide ponderar sobre a responsabilidade de escolher entre o pecado do aborto e a "armadilha" do casamento, um dos mais antigos dilemas da ficção moderna. A essa altura da trama, já conhecemos bem a voz tola e carregada de autopiedade de Comstock, por isso é mais ou menos óbvio que é Orwell quem fala quando um Gordon subitamente maduro tem sua epifania:

Aquilo o fez reagir. Pela primeira vez ele percebeu claramente, *com o único tipo de percepção que importa,* do que eles estavam falando afinal. As palavras "o bebê" adquiriram um novo significado. Não se referiam mais a um mero desastre abstrato, mas a um broto de carne, a um pedaço dele plantado no ventre de Rosemary, vivo e em crescimento. Seus olhos se encontraram. Tiveram um estranho momento de empatia como nunca antes. Por um instante, ele sentiu que, de alguma forma misteriosa, eram agora a mesma carne. Embora estivessem a uma certa distância, teve a sensação de que estavam unidos — como se algum cordão invisível, vivo, ligasse as entranhas dela com as suas. Percebeu então que coisa medonha era a hipótese que estavam considerando — uma blasfêmia, se é que essa palavra tinha algum sentido [grifo meu].

Não se pode querer, em poucas frases, uma prova mais clara do modo como Orwell valorizava a instintividade. Um impalpável cordão umbilical une o casal, e não só a mãe e o filho; cortá-lo prematuramente, por algum motivo egoísta, é cometer não só um inominável como também incompreensível crime contra a humanidade.

Naturalmente, assim que Gordon vai à biblioteca pública consultar livros sobre embriologia e gravidez, depara com outro inimigo: "a atendente no balcão era uma jovem estudante universitária, descorada, de óculos e profundamente desagradável […] Gordon reconheceu o tipo à primeira vista […]".

A sensatez e a boa e velha cortesia também têm limites, podemos ter certeza. Orwell foi o pivô de uma discussão doméstica em um dos pardieiros em Yorkshire onde ele se alojou, tudo porque fez o que qualquer hóspede de classe média bem-educado faria: ajudar a sra. Searle a lavar a louça. O marido dela e outro hóspede enraiveceram-se. Já a sra. Searle permaneceu neutra na disputa. E Orwell salientou que as mulheres tinham a mesma opinião que os homens sobre o serviço doméstico ser da alçada exclusiva dos membros femininos da casa: "Creio que elas também acham, assim como os homens, que um homem perderia sua virilidade se, só porque está desempregado, virasse um tipo 'Mary Ann', como se diz". E isso, ele acrescentou, distingue o lar proletário de um lar de classe média, onde quem chefia a casa tende a ser a mulher ou até o bebê. Usando essas ideias como ponto de partida, Janet Montefiore interroga a subjetividade de Orwell sobre as mulheres. Ela escreveu um livro, *Men and women writers in the 1930s: the dangerous flood of history*, que se destaca como a mais perspicaz interpretação feminista do período. Entretanto, emprega um vocabulário um tanto padronizado quando trata da conhecida narrativa de Orwell sobre a jovem miserável vislumbrada da perspectiva relativamente nababesca de um trem que passa:

> A imagem documentária que Orwell criou da desarticulada moça favelada cujo sórdido sofrimento físico representa a miséria generalizada da classe trabalhadora usa a imagem do corpo feminino como um significante de classe [...]. O tropo retórico de personificar uma classe em um corpo de mulher é característica comum dos textos socialistas dos anos 1930 — muito mais, na verdade, do que as harpias maternais das peças de Auden, Isherwood e Spender, que têm poucos paralelos em outras obras.

Não deixa de ser verdade, mas a visão de uma moça destituída de sua beleza primaveril e reduzida à vergonha e ao trabalho duro é um "tropo" que não se desejaria dispensar em uma campanha contra a pobreza e a ignorância desnecessárias. E caso Orwell houvesse omitido essa figura e outras como ela, sem dúvida haveria outras feministas para dizer que ele tornou "invisível" a forma feminina. Montefiore parece ao mesmo tempo ter admitido e descartado essa possibilidade quando escreveu mais tarde que "a moça favelada de Orwell é mostrada sofrendo com plena consciência de seu 'terrível destino', ainda que sua percepção embotada só possa ser expressa pelos olhos e pela mente do homem burguês escritor". Esse tipo de "objetificação" diagnosticada necessariamente flerta com a tautologia: não teríamos visto essa mulher se Orwell não se impressionasse com seu transe; é ele quem decide, pelo semblante dela, que a moça não está sofrendo como sofre um animal, e sim que está de algum modo consciente de sua condição massacrante. Não estaria ele, na verdade, expressando o que ela própria expressa? Assim, a ideia de Montefiore de que "o modo como o sofrimento físico das mulheres é transformado em metonímia para o sofrimento de uma classe implica poderosas fantasias especificamente burguesas sobre corpos e conhecimento dotados de gênero" é uma afirmação impossível de provar. A alternativa, ela sugere, é *ser* essa mulher, passar pela "experiência de especificidades concretas: o corpo suado e dolorido, o dedo sentindo a imundície". Isso não seria abandonar o subjetivo, e sim tornar-se o sujeito: uma exigência impossível sob quaisquer circunstâncias, que nega peremptoriamente o propósito da escrita narrativa realista em primeira mão.

Uma conclusão poderia ser que Orwell apreciava e desejava o *feminino*, mas, não sabemos por quê, era posto em guarda pela *fêmea*. E ele realmente sentia aversão, e talvez até medo, de homens efeminados e mulheres masculinizadas. Em alguma parte de seu íntimo, ele suspeitava que a guerra dos sexos era uma característica inalterável da ordem natural. Em seus melhores momentos, não atribuiu à ordem natural o crédito por coisas como a divisão sexual do trabalho ou a tirania das relações domésticas. Ele próprio vítima de um patriarca tacanho, Orwell teria gostado de ser um pai firme mas carinhoso. No entanto, o patriarcado benevolente é, de maneira muito acertada, a própria pressuposição que o feminismo existe para desafiar. Ainda somos testemunhas e participantes da batalha pelo que é e o que não é "natural" nas relações humanas. Pelo menos podemos dizer em favor de Orwell que ele registrou sua participação nesse eterno conflito com um mínimo decente de hipocrisia.

7. "A lista"

Foi relativamente fácil dizer em um capítulo anterior que em essência Orwell estava "certo" a respeito das três grandes questões do fascismo, stalinismo e império, e que o que lhe possibilitou estar "certo" foi a insistência na integridade e independência intelectual. Surge então uma pergunta: foi possível para ele sustentar todas essas posições, simultaneamente?

Escolho uma citação representativa do livro de Paul Lashmar e James Oliver, *Britain's secret propaganda war,* uma história do "Information Research Department" (IRD, Departamento de Estudo de Informações), do Ministério das Relações Exteriores britânico:

A reputação que George Orwell tinha de ícone da esquerda sofreu um duro golpe do qual talvez nunca se recupere quando veio à luz, em 1996, que ele cooperou estreitamente com os guerreiros frios do IRD, a ponto de oferecer sua própria lista negra de 86 simpatizantes comunistas. Como observou o *Daily Telegraph,* "para alguns, foi como se Winston Smith houvesse cooperado voluntariamente com a Polícia do Pensamento em *1984*".

Essa interpretação, ou alguma outra semelhante, tem hoje ampla aceitação. É fácil demonstrar, mesmo com base apenas nas evidências apresentadas por Lashmar e Oliver, que se trata de um equívoco total. E escolhi essa sinopse porque ela está livre do ódio a Orwell que desfigura muitas outras versões da história.

Que fique registrado, então:

1. A existência da lista de intelectuais stalinizados compilada por Orwell não "veio à luz" em 1996. Ela já constava na biografia do professor Bernard Crick, lançada em 1980.
2. O termo lista negra em inglês, *black list*, designa um rol de nomes mantido por quem tem o poder de influenciar contratações e demissões. Estar na lista negra significa não conseguir emprego por razões políticas desvinculadas do desempenho no trabalho. Essa expressão em inglês não tem hoje, nem jamais teve, outro significado.
3. Mesmo que o *Daily Telegraph* tenha afirmado, e ainda que o jornal tenha escolhido não especificar os "alguns" que preferem pensar desse modo, o Departamento de Estudo de Informações não tinha ligação com nenhuma "Polícia do Pensamento", muito menos com a Polícia do Pensamento das páginas de *1984*.

Porém não se esgota aí a total distorção dos motivos e métodos de Orwell existente na rápida mas superficial disseminação dessa "revelação". Vejamos quais são, puramente, os fatos desse caso. Durante algum tempo, Orwell, junto com seu amigo Richard Rees, divertiu-se com o que o próprio Rees definiu como um "jogo de salão". O jogo consistia em lançar hipóteses sobre quais figuras públicas seriam capazes de vender-se na eventualidade de uma invasão ou ditadura. Orwell dedicava-se a esse jogo, a sério ou de brincadeira, fazia anos. No dia de Ano-Novo de 1942, em uma longa mensagem à *Partisan Review* ele escreveu sobre a variedade de opiniões derrotistas encontradas entre os jornalistas e intelectuais britânicos. Seu tom era imparcial; ele ressaltou as curiosas alianças entre facções extremamente discrepantes. Também analisou a tentação dos intelectuais a adaptar-se ao poder, exemplificada em acontecimentos do outro lado do Canal:

> Vichy e os alemães constataram ser bem fácil manter uma fachada de que existe uma "cultura francesa". Havia intelectuais de sobra prontos para bandear-se, e os alemães estavam mais que dispostos a fazer uso deles, mesmo se fossem "decadentes". Nesse momento, Drieu de la Rochelle edita a *Nouvelle Revue Française*, Pound berra contra os judeus na rádio Roma, e Céline é uma valiosa exibição em Paris, ou pelo menos seus livros são. Tudo isso viria sob o cabeçalho de *kulturbolschewismus*, mas também são cartas úteis para se jogar contra a *intelligentsia* da Grã-Bretanha e dos Estados Unidos. Se os alemães conseguissem entrar na Inglaterra, coisas parecidas aconteceriam, *e acho que eu poderia fazer pelo menos uma lista preliminar das pessoas que se bandeariam* [grifo meu].

Notemos a data em que isso foi escrito. É preciso ter em mente que até pouco tempo antes a União Soviética fora aliada militar de Hitler — uma aliança ruidosamente defendida pelos comunistas britânicos — e que a Rádio Moscou criticara o bloqueio naval britânico da Alemanha nazista como uma guerra bárbara contra civis. O Partido Comunista alemão publicara uma declaração em 1940 revelando que, por razões dialéticas, o Império Britânico era um pouco pior do que o nacional-socialista. Orwell nunca se cansou de salientar esses fatos; eram o tipo de ilusões ou desilusões que podiam ter consequências reais. Tampouco se absteve de mencionar e especificar os tipos de intelectuais — dos quais um exemplo célebre foi E. H. Carr — que poderiam transferir sua lealdade de um regime despótico para outro com sinistra facilidade.

Também muito a propósito, ele descobrira na Espanha que a estratégia comunista alicerçava-se fortemente na abominação e no terror da denúncia anônima, da informação secreta e da espionagem policial. Na época, o herói oficial de todo jovem comunista era Pavlik Morozov, um "Pioneiro" de catorze anos que entregara sua família à polícia soviética pelo crime de sonegar cereais. Os moradores do vilarejo mataram-no por isso. Estátuas do menino mártir eram comuns em toda a URSS, e todo bom membro do Partido tinha obrigação de seguir seu exemplo.

A repugnância de Orwell por essa cultura da traição não se limitava ao estilo visceral com que a retratou e condenou em *1984*. Orwell a vida toda demonstrou ódio por todas as formas de censura, proscrição e lista negra. Mesmo quando Sir Oswald Mosley foi libertado da prisão no auge da Segunda Guerra Mundial — um ato de clemência que ensejou muitas queixas de supostos antifascistas —, Orwell comentou que lhe desagradava ver a esquerda protestar contra a concessão de *habeas corpus*. Ele adotou essa mesma linha com os que objetavam contra a revogação da proibição do governo à publicação do *Daily Worker*, ressalvando apenas que muitas pessoas haviam adquirido dos próprios editores do *Daily Worker* esse hábito de intolerância. Em maio de 1946, escreveu que o principal perigo de qualquer cisão no movimento trabalhista liderada pelos comunistas era que isso "dificilmente poderia resultar em um governo controlado pelos comunistas, mas poderia trazer de volta os conservadores — os quais, suponho, seriam menos perigosos do ponto de vista dos russos do que o espetáculo de um governo trabalhista fazendo sucesso".

Esta última frase aproxima-se da questão essencial. A extrema esquerda e a esquerda democrática haviam concluído, cada qual a seu modo, que o stalinismo era uma negação e não uma versão do socialismo. Orwell vira a extrema esquerda ser massacrada pelos agentes de Stálin na Espanha, e foi um dos poucos a chamar a atenção para a execução dos social-democratas Ehrlich e Alter na Polônia stalinizada. Para ele, a briga com o "Stalintern" não era uma questão acadêmica nem uma diferença de grau. Ele a sentia como uma ameaça íntima e muito presente. E a campanha para proibir ou restringir seus livros — para pôr na lista negra seus escritos e sua pessoa — fora encabeçada pelos dissimulados simpatizantes comunistas que trabalhavam em editoras e em órgãos do governo britânico. Foi um burocrata do Ministério da Informação chamado Peter Smolka quem discretamente ajudara a orquestrar a quase supressão de *A revolução dos bichos*. Pode-se, portanto, dizer que em fins dos anos 1940 Orwell lutava pela sobrevivência como escritor e também julgava que a sobrevivência de valores democráticos e sociais estava em jogo na luta contra Stálin.

Era possível empreender essa luta sem cooperar com "as forças da reação"? Em tudo o que escreveu e fez nesse período, Orwell esforçou-se para estabelecer exatamente essa distinção. Ele ajudou a organizar e distribuir uma declaração do Comitê de Defesa da Liberdade protestando contra o expurgo de supostos extremistas políticos do Serviço Civil, insistindo para que os procedimentos secretos de avaliação fossem abolidos e para que fossem implementadas as seguintes garantias:

(a) O indivíduo cujos antecedentes estiverem sob investigação deve ser autorizado a recorrer a um sindicato ou a outro representante para falar em seu nome.

(b) Deve-se exigir que todas as alegações sejam fundamentadas por evidências comprobatórias, em especial no caso de alegações feitas por representantes do MI5 [Serviço de Segurança] ou da Divisão Especial da Scotland Yard, quando as fontes de informação não forem reveladas.

(c) O servidor público em questão, ou seu representante, deve ser autorizado a interrogar os que testemunharem contra ele.

Assinada por Orwell, E. M. Forster, Osbert Sitwell e Henry Moore, entre outros, essa declaração foi publicada no *Socialist Leader* em 21 de agosto de 1948. (Não posso resistir a mencionar que exatamente vinte anos depois a União Soviética ocuparia a Tchecoslováquia e que a declaração foi publicada na época em que a Tchecoslováquia estava sendo eficazmente stalinizada, além de etnicamente limpa de seus habitantes germanófonos, com a colaboração de muitas organizações de frente aparentemente desvinculadas do Partido. Orwell foi um dos poucos que criticaram essas duas tendências, precedendo Ernest Gellner e Václav Havel na percepção de que o racismo antigermânico era um disfarce demagógico para um Estado autoritário e nacionalista.) Esses detalhes não aparecem em nenhuma obra publicada sobre o tema do suposto papel de Orwell como espião da polícia; a maioria das interpretações prefere recuar horrorizada diante da própria ideia de qualquer contato com o Ministério das Relações Exteriores britânico.

Qual foi, então, o grau desse contato? Em 29 de março de 1949, Orwell, hospitalizado, recebeu uma visita de Celia Kirwan, que entre outras coisas era funcionária do Departamento de Estudo de Informações. Ela também era cunhada de Arthur Koestler, e Orwell conhecera-a por intermédio dele e a pedira em casamento. Conversaram sobre a necessidade de recrutar socialistas e radicais para lutar contra os comunistas. Esse já era um tema caro a Orwell, como podemos ver na história de seu empenho para que *A revolução dos bichos* fosse distribuído clandestinamente no Leste Europeu (ver pp. 95-6). Cara a Orwell era também Celia Kirwan, e alguns defensores do escritor sugeriram indulgentemente que esse fato, aliado à pronunciada debilidade física do escritor, poderia ter acarretado um momento de fraqueza. A meu ver, essa defesa é sentimental e improvável. Orwell disse a Celia Kirwan o que teria dito a qualquer um e o que disse por escrito toda vez que a oportunidade se apresentou: não se podia confiar em muitos esquerdistas apresentáveis de boa reputação quando o assunto eram as seduções de Moscou. Em 6 de abril ele escreveu a Richard Rees pedindo-lhe que encontrasse e remetesse seu "caderno *in-quarto* com capa de cartolina azul-clara" no qual havia "uma lista de criptocomunistas e simpatizantes que desejo atualizar". Isso, em si, mostra que Orwell não escrevera originalmente a lista a pedido do Estado. Sem dúvida havia outro caderno com os nomes dos antigos simpatizantes e potenciais colaboradores do nazismo, mas isso não importa. Orwell hoje não está sendo acusado de fazer listas, e sim meramente de fazer listas sobre as pessoas erradas.

A incurável inanidade da burocracia britânica e do "sigilo oficial" significa que a lista de 35 nomes dada a Celia Kirwan continua vetada ao nosso exame. O Public Record Office [Arquivo Público] declara com afetada gravidade que "um documento encontra-se retido pelo Ministério das Relações Exteriores". Houve uma época em que era concebível que essa medida fosse tomada com o intuito de proteger pessoas vivas da opinião póstuma de Orwell; mas hoje o tempo invalida até mesmo esse pretexto absurdo. Entretanto, temos o caderno, ainda que não a "atualização", e não precisamos de permissão oficial para chegar a uma conclusão.

A lista certamente ilustra os ressentimentos privados e as excentricidades de Orwell. Na realidade, pouquíssimo do que ela contém materializa a confirmação de Rees de que "era uma espécie de jogo que fazíamos: opinar sobre quem era agente pago do quê e estimar o grau de traição a que estariam dispostas as nossas *bêtes noires* favoritas". Para ser exato, uma única pessoa foi acusada de ser um agente, e mesmo no caso dela o qualificativo "quase certamente" deve ser aplicado. Trata-se de Peter Smolka, apelido Smollett, ex-executivo do grupo jornalístico Beaverbrook e membro da Ordem do Império Britânico. Smolka fora justamente a autoridade do Ministério da Informação que pressionara Jonathan Cape a não publicar *A revolução dos bichos*. Hoje está indiscutivelmente confirmado que Smolka era, com certeza, agente da segurança soviética, o que significa uma correspondência de cem por cento entre os fatos e a afirmação de Orwell sobre o recrutamento direto de estrangeiros. Na carta a Celia Kirwan à qual anexou seu rol, ele fez um comentário contido a respeito da lista: "[não é] nada de sensacional, e acho que não dirá aos seus amigos nada do que eles já não saibam [...]. Se houvesse sido feita antes, teria impedido pessoas como Peter Smollett de insinuar-se em importantes trabalhos de propaganda com os quais provavelmente podem nos prejudicar muito". O "nos" a que ele se refere é a esquerda democrática. Nesse mesmo dia, Orwell escreveu a Richard Rees ponderando que, só porque certo parlamentar trabalhista era amigo do clamoroso e famigerado Konni Zilliacus, isso não provava que ele fosse "um cripto". E acrescentou: "Acho importantíssimo tentar aferir os sentimentos *subjetivos* das pessoas, pois do contrário não podemos predizer-lhes o comportamento em situações nas quais os resultados de certas ações são claros até para quem se autoengana [...]. A dificuldade toda está em discernir qual é a posição de cada pessoa, e precisamos tratar cada caso individualmente". Os assessores do senador Joseph McCarthy não demonstraram sequer uma pontinha desse discernimento.

Poucos esboços contêm mais do que uma dúzia de lacônicas palavras manuscritas. E muitos passam notavelmente bem no teste do tempo. Quem poderia objetar ao resumo de Kingsley Martin* como "Liberal decadente. Desonestíssimo"? Ou à perspicaz caracterização de Richard Crossman, outro editor do *New Statesman* em um período posterior, como "??Ascensionista político. Sionista (parece sincero sobre isso). Desonesto demais para ser um sincero F. T."** Esta última observação contém um paradoxo bem interessante; Orwell tinha respeito por leninistas honestos. Quase um terço dos verbetes termina com o veredicto "Provavelmente não" ou "Apenas simpatizante" no espaço reservado para a lealdade ao partido. Na anotação sobre J. B. Priestley, é mencionado que ele faturou quantias colossais publicando com vantagem edições soviéticas de suas obras; hoje se sabe que foi isso mesmo.

Alguns críticos, notavelmente Frances Stonor Saunders em seu livro *Who paid the piper?* [Quem pagou a conta?], permitiram-se um leve franzir de cenho diante da inclusão por Orwell de detalhes sobre raça e pelo que hoje chamamos de "orientação sexual". É verdade que Isaac Deutscher é mencionado como "judeu polonês", assim como é verdade que ele era judeu e polonês. Por outro lado, Louis Adamic é identificado — e por que não? — como "nascido na Eslovênia, e não na Croácia". Sobre o camaleônico Konni Zilliacus, na época uma figura influentíssima, há uma indagação em vez de uma identificação: "finlandês? 'judeu'?". (Era ambas as coisas.) Tenho de admitir que dei uma gargalhada quando vi Stephen Spender descrito como possuidor de "tendência à homossexualidade", coisa que não o definiria com precisão, e quando vi Tom Driberg arrolado meramente como "homossexual", o que não diz nem a metade. Saunders comenta

---

* Editor britânico do jornal de esquerda *New Statesman*. (N. T.)
** "F. T." significa *fellow-traveller*, como eram chamados na época os simpatizantes do comunismo que não eram militantes do partido. (N. T.)

com desdém que naquela época acusações desse tipo podiam pôr um sujeito na cadeia. Mas não no Serviço Secreto ou no Ministério das Relações Exteriores britânico, como Guy Burgess garantiu a essa autora. Hugh McDiarmid, o poeta escocês que venerava Stálin, foi descrito por Orwell como "muito anti-inglês". Meu amigo Perry Anderson, editor da *New Left Review*, também deu alguma importância a isso até ouvir meu comentário de que McDiarmid listara "Anglofobia" como uma de suas recreações no anuário das personalidades *Who's who*. E foi Perry Anderson quem divulgou, em seu artigo "Components of the national culture" publicado na *New Left Review* em 1968, uma tabela com as origens étnicas e nacionais de imigrantes intelectuais na Grã-Bretanha, entre os quais se incluíam Namier, Berlin, Gombrich, Malinowski, Popper, Melanie Klein e até Isaac Deutscher. Anderson republicou a tabela em 1992 em seu livro *English questions*. Defendi-o nas duas ocasiões. Vale a pena saber esse tipo de coisa sobre as pessoas.

A lista traz algumas esquisitices, como depreciar Paul Robeson tachando-o de "acentuadamente antibranco". Fora isso, porém, até alguns dos juízos mais hipotéticos sobre americanos são bem perspicazes. Henry Wallace, como editor do *New Republic*, já levara Orwell a parar de enviar contribuições a uma revista na qual ele farejava uma simpatia generalizada por Stálin. Em 1948, a campanha de Wallace pela presidência dos Estados Unidos provavelmente arruinou e comprometeu a esquerda americana por uma geração porque ele buscou a bênção e a organização do Partido Comunista. Críticos de esquerda veteranos do governo Truman, notavelmente I. F. Stone, tiveram na época a firmeza mental e moral de salientar esse fato.

Um escarcéu foi feito em torno desse episódio relativamente trivial — a última chance, para os inimigos de Orwell, de difamá-lo por estar certo. O que devemos ter em mente é: o Departamento de Estudo de Informações não tinha interesse nem envolvimento em vigilância doméstica e só queria recrutar socialistas e social-democratas fervorosos; ninguém sofreu nem poderia ter sofrido por causa das opiniões privadas de Orwell; ele não disse "em particular" nada que não tenha afirmado coerentemente em público. E, embora algumas pessoas da "lista" fossem conhecidas pessoais de Orwell, a maioria não era. Isso tem certa importância, pois define-se corretamente o "alcaguete" ou dedo-duro como aquele que trai colegas ou amigos em troca de um indulto ou de alguma outra vantagem para si mesmo. Nenhum contorcionismo da imaginação conseguiria inserir nessa categoria as opiniões de Orwell sobre o congressista Claud Pepper ou o vice-presidente Wallace. Tampouco essas opiniões poderiam prejudicar-lhes a carreira (e de fato isso não ocorreu). E não há verbete na "lista" que chegue perto, em teor explosivo, do desafio publicado por Orwell ao professor J. D. Bernal e demais editores da revista *Modern Quarterly* para que desembuchassem de uma vez se eram ou não agentes conscientes de Stálin. Em maio de 1946, nas páginas da efêmera revista *Polemic*, ele perguntou:

> O que exatamente o professor Bernal quer dizer com "fraternidade" e "entendimento crescente" entre Grã-Bretanha e URSS? Será que ele quer dizer, por exemplo, que um grande número de observadores britânicos independentes deve ser autorizado a viajar livremente por todo o território soviético e enviar relatórios não censurados a seu país natal? Ou que os cidadãos soviéticos devem ser incentivados a ler jornais britânicos, ouvir a BBC e ver as instituições deste país com simpatia? Obviamente não é isso que ele quer dizer. Portanto, ele só pode estar sugerindo que a propaganda russa neste país seja intensificada e que os críticos do regime

soviético (sinistramente designados como "sutis disseminadores de suspeita mútua") sejam silenciados.*

Vejamos o caso de Konni Zilliacus, hoje esquecido mas que, quando eu já era nascido, destacava-se como uma figura da esquerda trabalhista. Orwell acusou-o no *Tribune* de ser voluntariamente um agente dos desígnios soviéticos, e disso resultou uma troca de farpas entre os dois. Por fim, em 1946 Orwell e outros pediram publicamente a Zilliacus que confirmasse ou negasse que se referira à Polônia e à Alemanha Oriental comunistas como genuínas democracias. Zilliacus replicou:

> O que eu realmente disse nas zonas soviéticas da Alemanha e da Polônia foi que o que eu vira não era a democracia parlamentarista como a conhecíamos no Ocidente, a qual era a forma mais madura e altamente desenvolvida de democracia, e sim a democracia revolucionária, democracia no sentido primitivo e original da grande definição de Abraham Lincoln, "governo do povo, pelo povo e para o povo".

Isso é entendido hoje como foi na época: uma condenação de Zilliacus saída de sua própria boca. Mas o que não se avalia atualmente é a relativa força de opiniões desse teor entre os in-

---

* Os anos 1960 já estavam pela metade, mas C. P. Snow ainda pôde ter a ousadia de dizer, em suas conferências intituladas Two Cultures:
> Se os cientistas têm o futuro nos ossos, então a cultura tradicional responde desejando que o futuro não exista [...]. Compare *1984*, de George Orwell, o mais intenso desejo possível de que o futuro não exista, com *World without war*, de J. D. Bernal.

Essa calúnia contra Orwell e bajulação ao mais destacado fã "científico" de Stálin foi bem recebida no meio acadêmico, não só depois do escândalo Lisenko, mas após as revelações do "discurso secreto" de Kruschev, em 1956.

telectuais, acadêmicos e sindicalistas daquele período. Era contra essa mentalidade disseminada que Orwell lutava. Note-se, porém, que ele não aprovou todas as intervenções britânicas na Grécia (a cláusula tácita no pacto Churchill-Stálin sobre a Polônia) e que até assinou, com desconfiança, uma petição para que fosse reduzida a sentença de Alan Nunn-May, um cientista que entregara fórmulas nucleares — seria exagero dizer "segredos", como Orwell as definiu — à União Soviética.

Também podemos eliminar os motivos mercenários. Alguns dos que trabalharam no Departamento de Estudo de Informações foram pagos mais tarde, é verdade que modestamente, para escrever panfletos ou livretos mostrando que Stálin e Mao não eram apenas entusiastas da reforma agrária. Posteriormente o Departamento de Estudo de Informações imitou muitas organizações britânicas da Guerra Fria e se rendeu à copiosa corrupção da CIA. Orwell, porém, continuou sem ganhar dinheiro com suas publicações, a recusar-se a cobrar direitos autorais de grupos no exílio e a agir de modo geral como se pensasse que o sustento lhe cairia do céu. A subsequente prodigalidade no lançamento de revistas como *Encounter* bastou para despertar suspeitas e desprezo de pessoas muito mais avaras do que ele. Portanto, devemos duvidar acentuadamente que ele teria aprovado, em uma época mais exorbitante e cínica, os tipos de tática que evitara mesmo no período de austeridade.

Essa foi a época em que as edições clandestinas de *A revolução dos bichos* estavam sendo confiscadas por autoridades americanas na Alemanha e queimadas no próprio local ou entregues ao Exército Vermelho. Foi dificílimo para ele fazer oposição ao stalinismo e ao imperialismo ocidental ao mesmo tempo que tentava manter a independência. Mas a estupidez do Estado só ajudou a comprovar que, pelo menos enquanto viveu, ele foi sempre vítima, e nunca servo, da máquina política. O Ministério das Relações Exteriores britânico, que por quase uma década vinha sendo parcial a Stálin, subitamente necessitou de energia antistalinista em meados dos anos 1940. E não tinha a quem recorrer, em sua busca por escritores honestos e dignos de crédito, a não ser ao esquerdista *Tribune*. Esse, da perspectiva histórica de médio ou longo prazo, não é o momento mais vergonhoso do socialismo britânico. E também é parte da razão por que não houve pânico nem expurgo macartista na Grã-Bretanha. A *trahison des clercs* deparou com inamovível oposição, tanto na forma stalinoide como na conservadora, por parte de grupos como o Comitê de Defesa da Liberdade. Não se pode negar postumamente a Orwell o crédito por manter viva essa tradição libertária e honesta. A Guerra Fria envolveu muitas coisas, entre elas uma corrida armamentista vertiginosamente perigosa, uma tentativa de manter o colonialismo em banho-maria, um nível insuspeitado de suborno (ou perseguição e intimidação) de intelectuais públicos e até algum conluio indisfarçado com ex-defensores do nazismo na Europa Oriental e Central. Mas também envolveu um confronto com a venenosa ilusão de que o sistema soviético tinha direitos sobre a esquerda democrática. Nesse confronto essencial, Orwell manteve seu cantinho da Guerra Fria razoavelmente limpo.

8. Generosidade e ira:
os romances

O garçom desapareceu e retornou com um papel dobrado numa pequena salva de metal. Gordon desdobrou a nota. Seis shillings e três pence — e tudo que ele possuía no mundo eram exatamente sete shillings e onze pence! Claro que ele calculara mais ou menos quanto seria o total, mas ainda assim ficou chocado quando a conta chegou. Levantou-se, enfiou a mão no bolso e puxou todo o seu dinheiro. O jovem garçom pálido, com a bandeja apoiada no braço, avaliava o punhado de moedas; claramente, adivinhava que era tudo que Gordon possuía. Rosemary também se levantou e veio até o outro lado da mesa. Beliscou o cotovelo de Gordon; era um sinal de que pretendia dividir a conta. Gordon fingiu que não tinha reparado. Pagou os seis shillings e três pence e, enquanto já se virava, deixou mais um shilling cair na salva de metal. O garçom sopesou a moeda por um instante na mão, atirou-a para o ar e depois a enfiou no bolso do colete com ar de que estava encobrindo algo indizível.

George Orwell, A flor da Inglaterra

Um garçom jovem aproximara-se [...]. Dixon concluiu que nunca tinha visto um rosto humano irradiar tanta insolência sem recorrer a fala, gestos ou qualquer tipo de contorção dos traços [...]. "Quatro xelins", disse o garçom ao lado de Dixon. Sua voz, agora ouvida pela primeira vez, sugeria que ele estava com uma bala meio comida no fundo da garganta. Dixon vasculhou os bolsos e deu-lhe duas coroas.

Kingsley Amis, Lucky Jim

A vida toda Orwell não se cansou de pedir desculpas por deixar a desejar como escritor de ficção. Ao morrer, orientou seus executores testamentários para que impedissem a reedição de pelo menos dois de seus romances, *A filha do reverendo* e *A flor da Inglaterra*. Dominado por uma espécie de autodepreciação brejeira quando compunha seu ensaio "Writers and Leviathan", ele culpou a época em que vivia por não conseguir tornar-se um colaborador literário de peso em vez de "uma espécie de panfletista". Mantendo a negligente formulação "espécie de", acrescentou:

> Adquirimos uma espécie de compulsão que nossos avós não tiveram, uma consciência da enorme injustiça e miséria do mundo e um sentimento culposo de que deveríamos estar fazendo alguma coisa a respeito, o que impossibilita uma atitude puramente estética diante da vida. Ninguém, agora, poderia dedicar-se à literatura com tanta singularidade de propósito como Joyce ou Henry James.

Embora essas palavras sejam do Orwell maduro, o tom é curiosamente adolescente. (Afinal, *Finnegans wake* foi concluído em 1939, e será que George Eliot e Thomas Hardy, sem falar em Dostoiévski, não tinham sensibilidade para a injustiça e a miséria?) A certa altura, ele declarou que havia destruído os originais de dois romances escritos nos tempos em que andou na pior em Paris — uma afirmação impossível de ser comprovada que recende a ranço de mansarda. Muito mais tarde, anunciou a amigos que andava pensando em um grande romance sequenciado, do tipo "saga de família". Desse projeto sobrevivem apenas algumas anotações em cadernos. Ele claramente era inseguro para dar o mergulho na ficção.

Orwell, como vimos, não era nenhum fã da escola de Leavis. Mesmo assim, talvez não tivesse muito que discordar do veredicto de Q. D. Leavis na revista *Scrutiny* em setembro de 1940. A análise, concentrada apenas nos quatro romances pré-guerra de Orwell, começava com uma dose da usual hostilidade provinciana e puritana de Leavis:

> O sr. Orwell [...] pertence por nascimento e educação à "gente direita da esquerda", o núcleo do mundo literário no qual os membros tratam uns aos outros pelo prenome e são obrigados pela honra a promover mutuamente suas carreiras literárias; aliás, ele figura na autobiografia de Connolly como colega de escola. Provavelmente é por isso que recebeu um tratamento complacente na imprensa literária.

Nada poderia ter sido mais calculado para irritar Orwell, que invectivara quase nos moldes de Leavis contra as mimadas panelinhas da elite literária londrina. Entretanto, Leavis permitiu-se uma nota de leniência e magnanimidade:

> Ele difere deles porque cresceu [...]. Como partiu de um penosamente adquirido conhecimento em primeira mão da classe trabalhadora, é capaz de ver a teoria marxista como ela realmente é, e com sua decência inata (ele exibe e aprova a moralidade burguesa) sente horror à insensível desumanidade teorizadora dos pró-

marxistas […]. O sr. Orwell deve ter desperdiçado muita energia tentando ser um romancista — acho que li uns três ou quatro de seus romances, e a única impressão que me deixaram esses livros insípidos é que a natureza não o talhou para romancista. *No entanto, suas obras equivalentes em não ficção são estimulantes* [grifo meu].

É tocante ver Leavis antecipar em parte um argumento exposto mais tarde por Lionel Trilling: o de que Orwell prezava certos valores "burgueses" por achar que eles viriam a calhar como revolucionários. No entanto, os romances realmente mantêm certa existência obstinada, ainda que tolhida, no mínimo porque funcionam como precursores de *A revolução dos bichos* e *1984*, e são um testemunho da determinação de Orwell a correr o risco da ficção quase a qualquer custo.

Os temas "injustiça e miséria" certamente não estão ausentes. Mas talvez seja mais exato dizer que seu tema comum é o que Erich Fromm chamou, em outro contexto, de "a luta contra o despropósito". A esqualidez e a privação vêm em segundo ou até terceiro lugar, atrás de um opressivo sentimento de inutilidade e mesmo desesperança. E obviamente foram escritos, em um momento da história e da vida do próprio Orwell, em um contexto de pobreza, fealdade e austeridade, e também em um contexto no qual a lúgubre expressão "a guerra" poderia ser uma referência à próxima ou à passada.

Em seu limitado lugar, porém, esses romances podem hoje ser vistos como precursores da repetitivamente chamada literatura de protesto dos "Angry Young Men" dos anos 1950 na Grã-Bretanha, e também das obras existencialistas e absurdistas desse período, além da resoluta escola "nortista" de realismo social que penetrou no cinema britânico pioneiro e nos palcos londrinos. Gordon Comstock de *A flor da Inglaterra* e Jim Dixon de

Lucky Jim (romance publicado em 1954 e, aliás, dedicado ao então desconhecido Philip Larkin) têm em comum mais do que as humilhações nas mãos de garçons presunçosos, infligidas quando eles tentavam com seus paupérrimos recursos impressionar moças encantadoras. Ambos vivem em cômodos alugados grotescamente deprimentes com ocasionais inquilinos "difíceis" ou excêntricos. Ambos vivem acabrunhados por uma "obra em progresso" sem valor. Ambos medem a vida em cigarros, calculando com irritação se devem realmente reservar o próximo para o dia seguinte ou às vezes a semana que vem. Os dois são sufocados por pessoas mais velhas pernósticas e metidas a protetoras. Ambos recorrem a um abominável excesso de bebida quando têm chance e registram uma chocante descrição da "manhã seguinte". Os dois têm dificuldades com as mulheres devido, ao menos em parte, à falta de privacidade e de dinheiro. Ambos têm um patrono endinheirado que atua como *deus ex machina*. Ambos acham o *establishment* inglês essencialmente uma flagrante trapaça armada pelos indignos ricos. (É espantoso que a moça mais bonita da gravemente negligenciada classe de Jim Dixon chame-se Eileen O'Shaughnessy, nome da primeira mulher de Orwell. O próprio Amis teria depois um breve caso com Sonia Brownell, segunda mulher e viúva oficial de Orwell.)

O tom desses dois romances, no entanto, não podia diferir mais. Jim Dixon tem apenas crises intermitentes de autopiedade, e sua vida é precária, não sórdida. Sua atitude com as mulheres é mais confiante e agradecida. Sua Inglaterra, além disso, não é um lugar de frialdade e conformismo invariáveis; os indícios da afluência e oportunidade do pós-guerra estão por toda parte, e lampejos de esperança intrometem-se a todo momento: coisas boas que contrastam com coisas ruins, como Jim diz convicto a si mesmo. Pode-se dizer que ele vive em um período após a depressão e a guerra, quando a pressão organizada do reformismo abranda um pouco a dureza do sistema de classes. Ele até consegue impor-se, rebelar-se:

> [Ele] tornou a voltar e foi até o garçom, que estava recostado na parede. "Quero meu troco, por favor."
> "Troco?"
> "Sim, o troco. Por favor."
> "Cinco xelins você me deu."
> "Sim. A conta foi de quatro xelins. Quero um xelim de volta." [...] O garçom não fez menção de pegar dinheiro nenhum. Disse na sua voz meio sufocada: "Quase todo mundo me dá uma gorjeta".
> "Quase todo mundo já teria chutado seu rabo a essa altura."

Em comparação, o mais próximo que Gordon chega de alguma versão de resistência ou otimismo ocorre-lhe como um inconveniente paradoxo enquanto ele tenta tornar-se um perfeito pária: "Mas o estranho é que muitas vezes é mais difícil afundar do que subir. Existe sempre alguma coisa nos puxando para cima".

As páginas iniciais de *That uncertain feeling*, de Kingsley Amis, revelam um John Lewis de roupas surradas atendendo clientes imbecis ou afetados em uma biblioteca pública provinciana. A evocação da asfixiante rotina de Gordon Stock na seção de empréstimos da livraria de Hampstead é quase imediata, porém novamente o humor insistente e a subversividade sexual de Amis acabam puxando as coisas para cima.

Foi Orwell quem adaptou a caracterização de G. K. Chesterton do "bom livro ruim" em um célebre ensaio publicado em 1945. Sua própria definição, bastante insatisfatória — "o tipo de livro sem pretensões literárias, mas que permanece bom de se ler quando criações mais sérias já pereceram" — aplicava-se aos mundos de Sherlock Holmes e Pai Tomás. Orwell descreveu o popular clássico de Harriet Beecher Stowe como "um livro impremeditadamente risível, cheio de absurdos incidentes melodramáticos; e também é muito comovente e essencialmente verdadeiro; é difícil dizer qual dessas qualidades prevalece sobre a outra". Perto do fim da vida, Orwell escreveu a Anthony Powell quase desesperado pela mediocridade de seu trabalho em *1984*, livro que ele descreveu como "uma porcaria horrenda agora, uma boa ideia arruinada". Conta-se que, quando Abraham Lincoln encontrou Harriet Beecher Stowe, disse estar emocionado por conhecer a mulher cujo livrinho desencadeara tão grande guerra. Por esse critério, o *1984* de Orwell é um dos "bons livros ruins" seminais de todos os tempos.

A jornada literária que conduziu a *1984* foi árdua. Ler as páginas iniciais de *Dias na Birmânia*, hoje, é assombrar-se com sua mediocridade. Somos apresentados logo de saída a um vilão digno de Ian Flemming, o inchado e saturnino magistrado birmanês U Po Kyin, que poderia muito bem ser descrito como uma aranha obesa sentada no centro de uma rede de intrigas. Seu estilo ameaçador é da variedade "oriental"; ele tem tiradas do tipo "Como você entende pouco da mentalidade europeia, Ko Ba Sein!". Mal se produz esse estridente efeito e já somos transportados, em companhia de Flory, ao Clube Europeu, onde ele encontra o repelente Ellis, um desbocado gerente de uma companhia local. Não basta que esse homem imediatamente deblatere contra "o doutorzinho negro seboso e pançudo" que é o único amigo de Flory. O narrador ainda nos informa que Ellis era "um desses ingleses — infelizmente bastante comuns — que deviam ser proibidos de pôr os pés no Oriente". Isso é dizer ao leitor o que pensar, e com uma cotovelada nas costelas para enfatizar.

Como então o romance consegue superar essa deselegância e ingenuidade? Em parte com a imensa sinceridade de sua prosa. Somos levados a sentir que Flory não está fingindo repulsa pelo modo como seus conterrâneos ingleses se comportam, que sua indignação é autêntica, sua amizade com o solitário doutorzinho indiano é genuína e que a existência de um sentimento mais elevado suprimido não é mera afetação. O próprio título *Dias na Birmânia* é uma paródia implícita de seu franco e vigoroso relato biográfico e das recordações do lugar e do período — "subindo o Irawaddy de cajado e revólver" etc. —, e uma das discriminações empregadas por Orwell/Flory é um tênue mas destreinado pendor para a literatura, que contrasta com os interesses filistinos dos membros do clube, dados a folhear as revistas *Blackwood's* e *Punch*. Podemos sentir a influência de Conrad tanto nas descrições físicas como no onipresente fastio que pode ser a antecâmara do desespero. Como é do feitio de Orwell, há pouquíssimos gracejos, e eles são extremamente sarcásticos. O dr. Veeraswami tem uma imagem ridícula para seu temível inimigo U Po Kyin: o crocodilo que "sempre ataca no ponto mais fraco", e essa repetição absurda contribui, de certo modo, para desfazer o clichê de Fu Manchu da descrição original. O criado de Flory, representado como uma espécie de negação oriental do mordomo Jeeves (quando ele diz "Já fiz isso", significa que talvez vá fazê-lo em seguida, e não que esteja três passos adiante do patrão), também é descrito como um dos "mártires anônimos da bigamia".

Assuntos ligados a raça e sexo são tratados de modo bem avançado para sua época, e com grande franqueza. Flory ouve uma tola e irritante diatribe de Elizabeth contra os eurasianos: "Ouvi dizer que as castas mestiças sempre herdam o que há de pior nas duas raças de origem", e replica: "Ora, todos eles têm pai". Essa hábil e edificante declaração de responsabilidade pela miscigenação que os brancos abominam tão ruidosamente é acompanhada por algumas cenas vívidas nas quais a "exploração" sexual dos nativos é mostrada como uma contrapartida do uso mais costumeiro do termo. A ideia de "repressão" também se apresenta nesse sentido dual; uma coisa para a qual é preciso estar atento, como Orwell poderia ter dito, é a contínua ocorrência de adulação, aviltamento servil, rogação e outras formas de conduta abjeta e degradante. Esse elemento da relação senhor-escravo, que Orwell notou pela primeira vez com horror em seus tempos de internato, seria reservado e refinado para um propósito posterior. O mesmo aconteceria com um tema afim, a tendência de os humanos traírem uns aos outros por motivos infames ou covardes, como quando, assim que a escolha inevitável se apresenta, Flory trai o patético Veeraswami.

Sob outros aspectos, *Dias na Birmânia* é um romance sobre a perdição do homem branco disfarçado muito plausivelmente de romance anticolonial, e os agentes da autodestruição, como sempre, são o álcool, o calor e as mulheres. As feministas levam outra bordoada até nesse local inesperado: a mãe de Elizabeth Lackersteen é descrita como "uma mulher incapaz, pouco inteligente, arrogante e autocomplacente, que se esquivava a todos os deveres normais da vida alegando sensibilidades que na verdade não possuía. Após passar anos a fio envolvida com questões como o sufrágio feminino ou práticas esotéricas [...]". Em comum com alguns outros críticos do imperialismo, Orwell era dado a culpar as mulheres brancas por tornar os homens ainda mais racistas do que já eram, importar ideias histéricas de diretoras de colégio interno sobre estupros e pilhagens para uma situação já tensa e tratar com dureza a criadagem. Mas a animosidade é mais profunda do que isso.

Impelido ao suicídio pela bebida e pelos imperdoáveis e torturantes pensamentos sobre a defloração de Elizabeth por outro homem, Flory primeiro mata sua cachorra com um tiro na cabeça e em seguida, vendo a sujeira resultante, decide que não quer ser encontrado daquele modo e dá um tiro no coração. Esse instante de solipsismo de último minuto, observando a etiqueta prática da vida enquanto se arroja para a morte, faz lembrar a esplendidamente observada irrelevância do gesto do condenado birmanês no ensaio de Orwell "Um enforcamento":

> E uma vez, apesar dos homens que lhe agarravam cada ombro, pisou ligeiramente de lado para se desviar de uma poça d'água no caminho.
>
> É curioso, mas até aquele momento eu jamais me dera conta do que significava matar um homem saudável e consciente. Quando vi o prisioneiro pisar de lado para se desviar da poça d'água, percebi o mistério, a injustiça execrável de interromper uma vida no auge.

Recordemos o letal julgamento de Leavis de que os romances de Orwell são fiascos, enquanto "suas obras equivalentes em não ficção são estimulantes". Nada em *Dias na Birmânia* atinge o nível de "Um enforcamento" ou "O abate de um elefante", ou mesmo de alguns outros vislumbres jornalísticos mais breves da realidade na Birmânia colonial.

O mesmo se aplica aos três romances seguintes. O retrato que Orwell faz dos colhedores de lúpulo em *Na pior em Paris e Londres* é muito superior ao que encontramos em *A filha do reverendo*. A monotonia e a miséria são evocadas com mais habilidade em *O caminho para Wigan Pier* do que em *A flor da Inglaterra*. De concepção mais abrangente, *Um pouco de ar, por favor!* é uma reapresentação de certos temas abordados de modo mais completo nos ensaios: a fatuidade dos abastados, a estereotipagem política e a percepção de uma guerra iminente e aterradora. O relativo sucesso desse romance deve-se à profunda exploração da nostalgia, nesse caso definida na acepção original de saudade da terra natal. (É fascinante saber que Orwell escreveu esse melancólico hino ao vale do Tâmisa eduardiano quando viveu no Marrocos, do mesmo modo que é fascinante descobrir que P. G. Wodehouse escreveu *Joy in the morning* quando os alemães o haviam confinado em um manicômio desativado na Polônia. Analisando o título, *Um pouco de ar, por favor!* comove quando refletimos que Orwell viajou para o Norte da África na vã tentativa de curar seus pulmões.)

A filha do reverendo é um romance melhor do que Orwell julgava. É verdade que tem um começo banal, com um despertador emitindo um "recriminatório clamor feminino". É verdade que Dorothy tem sua nódoa física característica ("seu antebraço era manchado com pintinhas vermelhas"), assim como Flory tem uma mancha escura na face, George Bowling tem o ventre protuberante, Gordon Comstock a baixa estatura e Winston Smith a úlcera varicosa. No entanto, ao longo do enredo encontramos um retrato terno e simpático de uma pessoa de segunda classe mas conscienciosa, que luta para se manter sã e ativa e para conservar algo que diz ser mais importante, sua fé cristã. Tudo à sua volta parece-lhe um sinal ou presságio (o que em si já é um sintoma infalível de colapso iminente), e cada invocação de um texto ou versículo fidedigno traz uma preocupante consciência de gratificação decrescente. Sansão, o cavalo de carga, não é mais fiel do que Dorothy em seu mantra compensatório de autossacrifício: "Trabalharei mais ainda". Ela não se dobra, mas quebra-se. E, quando se quebra, é por completo.

Não se pode dizer que Orwell imagina a si mesmo no papel de uma mulher amnésica e delirante. Mas em um ou dois momentos ele observa a boa regra dos romancistas de deixar que a imaginação do leitor forneça a passagem que falta. ("Era sempre a mulheres que ela mendigava, é claro. Tentara uma vez mendigar a um homem, mas foi uma vez só.") De resto, ele se mostra em dívida para com Dickens, como sempre, tanto na forma nada original da medonha diretora de escola, a sra. Creevy, como na um pouco mais inventiva forma do velho libertino sr. Warburton, que é um tipo de Cheeryble antiético ou de Barkis hiperativo.* Na conversa "ao vivo" dos miseráveis em Trafalgar Square à meia-noite, há um eco distante de Joyce:

SR. TALLBOYS (*como um cura fazendo sermão*): Arenques são a paga dos pecados.

GINGER: Para com esse bafo na minha cara, Deafie. Não aguento, caramba.

CHARLIE (*dormindo*): Charles-Wisdom-bêbado-e-incapaz--bêbado?-sim-seis-xelins-andando-*próximo*!

DOROTHY (*abraçada pela sra. McElligot*): Ó alegria, alegria!

Há também um momento, a que Orwell frequentemente se permitia, de identificação com quem está por cima, e não com quem está por baixo. Dorothy, por mais que se esforce, percebe que sente em relação às crianças sob seus cuidados como Flory sentia-se às vezes com relação aos birmaneses: "Mas havia momentos em que ela estava com os nervos mais à flor da pele que de costume, e então olhava para aqueles rostinhos tolos, sorridentes ou rebeldes, e achava possível detestá-los".

A capacidade que Orwell tinha de identificar-se com o patrão tanto quanto com os subordinados é pouco mencionada, e lhe seria útil mais tarde. Mas no resultado ele se restringe a esboçar as limitações mentais e sociais da prisão pessoal de Dorothy e a frisar que essas limitações, feitas em parte de grilhões mentais, também eram socialmente determinadas. Desde *Before the bombardment*, de Osbert Sitwell, nenhum romancista havia arrolado tão implacavelmente as alternativas para as mulheres soltei-

---

* Personagens, respectivamente, de Nicholas Nickleby e David Copperfield. (N. T.)

ras sem dinheiro em uma sociedade estratificada e engessada: ser "dama de companhia" paga e ressentida de uma velha prepotente, ser empregada doméstica, fazer tarefas subalternas para a igreja, inculcar ortodoxia a alunos desventurados — ou enlouquecer e acabar num asilo beneficente. Poderíamos ao menos lembrar que só muito recentemente esse quadro deixou de ser realista.

A meio caminho nas agruras de Dorothy, ela se recorda de "uma ideia que o sr. Warburton gostava de repetir, de que, se pegássemos o capítulo 13 de I Coríntios e em cada versículo escrevêssemos 'dinheiro' em vez de 'amor', o capítulo teria dez vezes mais significado do que antes". Essa versão profana, a propósito, aparece na página de rosto de *A flor da Inglaterra*, mostrando como era relativamente pequeno o estoque de ideias ficcionais onde Orwell se abastecia. (Tão pequeno que Gordon Comstock vai parar em um cortiço piolhento nas cercanias de Lambeth Cut — o mesmo endereço a que Dorothy chegou.) Mais uma vez nesse romance estamos no rançoso mundo da inutilidade e inanição, da respeitabilidade mesquinha e opressiva. Mais uma vez, os sonhos de fuga são vãos. Há uma cena em que se bebe cerveja sem parar que poderia servir de modelo para os romances *Saturday night* e *Sunday morning*, de Alan Sillitoe, e um único gracejo dá o avaro ar da graça. ("O grande acontecimento do dia era quando a carruagem fúnebre parava diante da funerária vizinha. Aquilo tinha um ligeiro interesse para Gordon porque a tintura negra de um dos cavalos estava desbotando e assumindo aos poucos um curioso matiz marrom arroxeado.") No começo do livro, o mísero livrinho de poemas de Gordon é comparado a uma fileira de fetos, cada qual em seu frasco: a mais pura imagem da esterilidade e do aborto. Redimir essa impressão com o recurso a uma gravidez precipitadamente concebida não é uma resolução ficcional das mais inovadoras em Orwell. Contudo, nos vislumbres do mundo publicitário, o aparatoso mundo carreirista do qual Gordon está fugindo, há uma prefiguração do estilo posterior que vemos no filme *Almas em leilão*, uma crítica aos valores da Madison Avenue que se tornou tema da cultura britânica em fins dos anos 1950 e durante a década seguinte, e que associamos especialmente ao falecido dramaturgo Dennis Potter.

Um pouco de ar, por favor! ainda é interpretado como uma evocação magistral de uma infância na Inglaterra rural eduardiana, com anseios por tempos de paz e, talvez mais importante, de segurança. Também pode ser a origem de um dito popular: "Já lhe ocorreu que existe um magro dentro de cada gordo, do mesmo modo que existe uma estátua dentro de cada bloco de pedra?". George Bowling é tudo o que Orwell não era: corpulento e corado, a contragosto casado e com filhos, relativamente apolítico e fleumático. Mas, como um *homme moyen sensuel*, ele expressa os sinais da guerra e da catástrofe iminentes. O livro pertence ao período em que o próprio Orwell tinha a mente fatalmente dividida pela questão de qual seria o maior perigo, a guerra ou o nazismo; seria interessante, pois, saber se, enquanto escrevia os monólogos íntimos de Bowling sobre esse assunto, ele tinha noção do quanto se contradizia repetidamente. No entanto, em um sugestivo momento Bowling decide que não é tanto a guerra que ele teme, mas "o pós-guerra. O mundo para o qual estamos resvalando, o tipo de mundo de ódio e lemas. As camisas coloridas, o arame farpado, os cassetetes de borracha. As celas secretas onde as lâmpadas elétricas ficam acesas dia e noite e os detetives que vigiam enquanto você dorme". Subjacente a isso está um apego à natureza, que por toda parte enfrenta ataque e profanação: "É a única coisa que vale a pena ter, e não a queremos". No fim, Bowling sabe mais sobre política e ideias do que um personagem verossímil saberia. Mas como um inglês gordo que suspira por um tempo que nunca existiu, ele se sustenta surpreendentemente bem.

Esses quatro esforços pré-guerra constituíram uma espécie de aquecimento diletante. *A revolução dos bichos* foi, nas palavras de Orwell, "o primeiro livro em que tentei, com plena consciência do que estava fazendo, fundir intenção política e intenção artística em um todo". O duradouro sucesso dessa empreitada reside em sua primorosa simplicidade e brevidade, mas também em uma incomum leveza. Um gracejo aparece logo no começo da revolução dos animais, quando "alguns presuntos, pendurados na cozinha", são levados para fora e sepultados. Como o quadro inicial não é invariavelmente soturno, o gradual aparecimento de uma tragédia assume a devida proporção. As analogias são cativantes; cada animal é bem escolhido para seu papel, e ainda por cima todos são batizados com nomes excelentes.

Como alegoria, a história tem uma falha colossal: as figuras de Lênin e Trótski são combinadas em um único personagem, ou, poderia ser ainda mais cabível dizer, na verdade não existe nenhum porco Lênin. Tamanha omissão não pode ter sido acidental (especialmente porque ela reaparece em *1984*, onde há apenas o Grande Irmão contraposto a Emmanuel Goldstein). Orwell gostava de dizer em seus ensaios que tanto Lênin como Trótski tinham alguma responsabilidade pelo stalinismo; ao omitir essa ideia e também a diferença entre as revoluções de fevereiro e outubro, ele talvez estivesse, inconscientemente, provendo às necessidades da tragédia. Os objetivos e princípios ostensivamente declarados da Revolução Russa são aceitos sempre: é uma revolução traída, e não um levante que foi monstruoso desde o princípio. Alguns detalhes são impressionantemente exatos, como o destino da Terceira Internacional e o acordo que Stálin acabaria fazendo — na figura de Moisés, o corvo fabulista — com a Igreja Ortodoxa Russa. A proibição do hino "Bichos da Inglaterra" ocorre em um momento levemente anacrônico, mas o modo como os animais o cantam quando percebem o que os porcos fizeram ("cantaram o hino três vezes — bem na melodia, mas lenta e tristemente, como nunca haviam cantado antes") destina-se a comover profundamente. Os ucranianos desalojados e postos em campos de refugiados após a Segunda Guerra Mundial, que foram os primeiros a pedir a Orwell para traduzir e distribuir seu livro, estavam ouvindo uma distante melodia da "Internacional" que outrora significara tanto para eles.

Uma frase frequente dos intelectuais comunistas do período era "o grande *experimento* soviético". O termo experimento já deveria bastar para pôr as pessoas em guarda. Transformar um país em laboratório é anunciar desumanidade em grande escala. Temos tanta repugnância pela ideia de fazer experimentos com pessoas vivas que tentamos primeiro com animais. Orwell talvez tenha sido mais fiel à verdade do que imaginava quando escolheu o título e subtítulo de seu "conto de fadas": *Animal farm, a fairy story* [Granja dos bichos, um conto de fadas].

Outro elemento não salientado do livro, mais impressionante com a passagem do tempo, é sua presciência. Todos se recordam que na última frase os animais faméllicos e apavorados não conseguiam distinguir entre quem era homem e quem era porco. Mas, na cena que culmina nessa passagem, Napoleão convidara o sr. Jones a voltar e tornara a mudar o nome da propriedade para "Granja do Solar". Trótski predisse no exílio que os burocratas stalinistas um dia venderiam a propriedade socializada que haviam expropriado e entrariam no mundo dos negócios por conta própria. Assim, Orwell não só compôs uma brilhante sátira da autonegação do comunismo como também anteviu que ele terminaria em um estado capitalista gerido por uma elite mafiosa. As contrarrevoluções também devoram seus filhos.

Tudo isso, porém, foi prólogo de uma proeza, uma corrida quase desesperada contra o tempo: *1984*, um romance que provocou medo físico e mental nas primeiras pessoas que o leram.

(O editor de Orwell, Fredric Warburg, escreveu, depois de se recobrar do choque, que o livro era "um estudo do pessimismo que não encontra alívio exceto na ideia de que, se um homem é capaz de conceber '1984', também pode desejar evitá-lo".) Nessa obra *noir*, Orwell verteu tudo o que aprendera, empilhou agonia em cima de tormento e derrota e sintetizou boa parte de seu estudo da literatura, junto com sua experiência condensada e concentrada como jornalista. Uma ocasião, elogiando Dickens, ele escreveu que o criador de David Copperfield e Sidney Carton tinha o semblante de um homem "generosamente irado". Orwell nunca atingiu exatamente o auge da generosidade em sua ficção, e *1984* é mais raiva do que ira — raiva contra a morte da luz. Da ideia dos experimentos com animais ele passa, nas gélidas e monotônicas palavras do alto funcionário do Partido O'Brien, aos neurologistas do Partido que trabalham na eliminação do orgasmo e à definição de poder dada pelo Partido, "poder é estraçalhar a mente humana e depois juntar outra vez os pedaços, dando-lhes a forma que você quiser".

Muitos notaram a semelhança entre aspectos de *1984* e o livro *We*, de Yevgeny Zamyatin, uma distopia russa de um período um pouco anterior. Isaac Deutscher chegou a fazer uma falsa acusação de plágio, mas Orwell havia recomendado a obra na imprensa, exortara Fredric Warburg a publicá-la e já em 1944 escrevera a seu tradutor, Gleb Struve: "Tenho interesse por esse tipo de livro, e até vivo fazendo anotações para mim mesmo que poderão virar texto mais cedo ou mais tarde". (Struve tornou-se mais tarde o tradutor de Mandelstam.) Na verdade, a ideia de que dois mais dois são cinco, por exemplo, teve inspiração em várias fontes. Os propagandistas de Stálin gostavam de dizer que haviam concluído o primeiro Plano Quinquenal em quatro anos; pessoas simplórias interpretavam isso como 2 + 2 = 5. *A vida e as opiniões do cavalheiro Tristram Shandy*, de Sterne, contém um momento comparável de malabarismo oficial com números, e o mesmo ocorre em *Memórias do subsolo*, de Dostoiévski.

1984 é a única contribuição inglesa à literatura do século xx sobre o totalitarismo, capaz de sustentar-se em comparações com Silone e Koestler, com Serge e Soljenitsin. É uma síntese do que Orwell aprendeu sobre terror e conformismo na Espanha, do que aprendeu sobre subserviência e sadismo na escola e na polícia birmanesa, do que descobriu sobre miséria e degradação em *O caminho para Wigan Pier*, do que aprendeu sobre propaganda e falsidade em décadas de batalhas polêmicas. Não contém absolutamente nenhum gracejo. É a primeira e única vez em que seus esforços como romancista ascendem ao nível de seus ensaios.

Vejamos uma ilustração trivial. Em "Such, such were the joys", um aluno estúpido tira nota baixa em uma prova e é brutalmente surrado pelo diretor. Mais tarde, diz lamentoso que gostaria de ter levado a surra antes da prova. O jovem Orwell salienta o quanto esse comentário é "desprezível". E eis que a abjeta figura de Parsons, de bermuda cáqui e com modos de escolar, afirma no Ministério do Amor:

> "Claro que eu sou culpado!", exclamou Parsons com um olhar servil para a teletela. "Você acha que o Partido iria prender um inocente?" [...] Cá entre nós, meu velho, ainda bem que eles me pegaram antes que a coisa ficasse mais grave. Sabe o que eu vou dizer a eles quando comparecer perante o tribunal? 'Obrigado', vou dizer, 'obrigado por me salvarem antes que fosse tarde demais.'"

Segue-se uma nauseante cena com um Parsons infantilizado usando a latrina da cela, cuja medonha pungência deriva das numerosas prisões frequentadas pelo próprio Orwell como guarda e como detento. A sensação de confinamento asfixiante e fétido é mais aterradora do que algumas tentativas ficcionais posteriores de descrever o inferno, pois é ainda mais hermética do que *No exit** e ainda mais disposta a encarar a possibilidade de que são os próprios prisioneiros que ajudam a barrar as portas. A vontade de comandar e dominar é um fator, mas a vontade de obedecer e prostrar-se também constitui um inimigo mortal. Em um artigo anterior, Orwell aventou que talvez houvesse uma relação inversa entre a integridade e a impotência. Ninguém jamais apresentou essa ideia com mais veemência do que ele o fez em *1984*, assim como ninguém desde Dostoiévski chegou tão perto de ler a mente do Grande Inquisidor. Em alguma parte da mente, os humanos deleitam-se com a crueldade, a guerra e a autoridade absolutamente caprichosa, entediam-se com os esforços civilizados e humanitários e compreendem bem demais a conexão latente entre a repressão sexual e uma orgiástica catarse coletiva. Alguns regimes são bem acolhidos não a despeito de sua irracionalidade e crueldade, mas graças a elas. Sempre haverá Trótskis e Goldsteins e até Winstons Smiths, mas deve ficar bem claro que as probabilidades contra eles são esmagadoras e que, como aconteceu com o rebelde de Camus, a multidão urrará de alegria ao vê-los arrastados para o patíbulo. Esse longo e resoluto olhar no vazio foi a apoteose da "capacidade de enfrentar" de Orwell.

---

* Tradução inglesa da peça *Entre quatro paredes*, de Jean-Paul Sartre. (N. T.)

9. Desconstruindo os pós-modernistas: Orwell e a transparência

Mais ainda do que a enganosamente simples questão da sua "anglicidade", a reputação póstuma de Orwell como representante da objetividade, da apuração e da declaração da verdade continua a manter suas ideias em foco. Menciono-a junto com a questão da anglicidade porque, pelo menos superficialmente, existe um abismo intelectual entre a tradição "anglo-saxônica" e os esforços feitos pelos teóricos "continentais" para explicar o mundo.

Nas três últimas décadas do século xx, a própria anglo-saxonidade foi vastamente colonizada pelas escolas do pós-modernismo e da "desconstrução" de textos, pelas ideias do *nouveau roman* e pelos que viam a "objetividade" como uma ideologia. Nos *campi* de universidades britânicas e americanas, as obras de Foucault e Derrida foram mais do que uma moda. Na esquerda, a tentativa de Louis Althusser de recriar o comunismo pelo pensamento abstrato foi provavelmente o último suspiro da ideia, terminando com sua própria insanidade e com o que certa vez, impiedosamente, designei como sua candidatura à Cadeira Elétrica de Filosofia na École Abnormale. Já entre os menos exaltados e mais imparciais ("pós-modernismo", em essência, é a ideia de que nunca mais há de acontecer alguma coisa pela primeira vez), Jean Baudrillard granjeou áureas opiniões por proposições como a natureza ficcional da Guerra do Golfo, uma guerra que ele "ironicamente" sugeriu não ter ocorrido "na realidade".

Em confrontos entre esse culto do arcano e do "virtual" e seus críticos, o nome de George Orwell emerge continuamente. Uma nova fase do debate foi inaugurada pelo professor Alan Sokal, que em 1997 submeteu um artigo satírico à apreciação da revista *Social Text*. Esse ensaio argumentava que os procedimentos científicos de verificação e experimentação eram, eles próprios, produzidos ou construídos culturalmente e não tinham validade independente. Ao ver seu disparatado artigo aceito e publicado pelos editores, o professor Sokal revelou o logro. Daí em diante, o debate entre as tendências acadêmicas rivais assumiu um tom levemente rancoroso. Tanto assim que na edição de janeiro de 2000 da revista acadêmica *Lingua Franca*, o professor James Miller apresentou uma síntese do cenário sob o incendiário título "Escrever mal é necessário?".

Não era uma questão descabida. Acadêmicos como Judith Butler, da Universidade da Califórnia, afirmavam que a "transparência linguística" era um engano, pois compelia os intelectuais a restringir-se ao demótico e tolhia a capacidade de "pensar o mundo mais radicalmente". Os que adotavam essa posição — com destaque para Gayatri Spivak — gostavam de citar Theodor Adorno. Os que se opunham a ela — Noam Chomsky, por exemplo — costumavam usar a insistência de Orwell no discurso claro e *contestável* como um de seus recursos críticos. Contrastando Adorno e Orwell, o professor Miller deparou com algumas semelhanças, algumas antíteses e algumas inesperadas sínteses.

Adorno suspeitava que as "palavras simples" fossem os veículos do consenso porque, como ele explicou em seu clássico *Minima Moralia*, os que adotavam essa prática não eram tão livres quanto supunham. "Só aquilo que não precisam primeiro entender consideram compreensível; só a palavra cunhada pelo comércio, e realmente alienada, atinge-os como familiar. Poucas coisas contribuem tanto para a desmoralização dos intelectuais. Os que desejarem escapar disso precisam reconhecer os defensores da comunicabilidade como traidores daquilo que comunicam." Judith Butler pegou essas palavras, que ela me perdoe a expressão, como se fossem suas. Na verdade, além de essa passagem ser facilmente inteligível, não contém muita coisa com que Orwell discordaria. Ele gostava de chamar a atenção para a sub-reptícia importação de opiniões recebidas através de slogans políticos e *jingles* publicitários e para o modo como as pessoas caíam na armadilha de expressar ideias convencionais que não lhes pertenciam de fato:

> Quando você pensa em algo abstrato, é mais propenso a usar palavras desde o início, e, a menos que faça um esforço consciente para impedir, o dialeto existente logo entra e faz o trabalho para você, à custa de anuviar ou até de mudar o que você quer dizer.

E Adorno devolveu o cumprimento escrevendo: "Onde há algo que precisa ser dito, a indiferença à forma literária sempre indica dogmatização do conteúdo".

A diferença, porém, está em suas respectivas atitudes para com os falantes além de para com o que é falado. Consternado com o elemento populista demagógico no despotismo moderno, Adorno achava que os homens de cultura e refugiados como ele não deviam pedir desculpas por ser elitistas intelectuais. Como autocontradição, ele também afirmou que "lucidez, objetividade e precisão concisa" eram pouco mais do que "ideologias", "inventadas" por "editores e depois escritores para sua própria conveniência". Ora, toda forma de discurso é de algum modo inventada, assim como toda posição, inclusive a ostensivamente neutra, é em última análise ideológica. Mas, para Orwell, uma linguagem comum com regras aceitas e mutuamente compreendidas era condição indispensável a uma democracia aberta. (Não posso provar isso com evidências textuais, mas em sua prosa encontramos suficientes referências elogiosas à Revolução Protestante para que eu tenha certeza de que ele a associava à antiga luta para que a Bíblia fosse traduzida para o vernáculo em vez de ser "O Livro" de um "Núcleo do Partido" católico latinizado.) "A prosa literária como a conhecemos", ele escreveu, "é produto do racionalismo, dos séculos protestantes, do indivíduo autônomo."

Em matéria de estilo, os dois homens tinham alguma coisa em comum. Gostavam de começar e encerrar seus ensaios com arrebatadoras generalizações ou paradoxos (Adorno: "Na psicanálise nada é verdade, exceto os exageros"; "Normalidade é morte". Orwell: "Uma autobiografia só deve merecer confiança se revelar algo vergonhoso"; "Liberdade é escravidão"). Orwell não lera Heidegger ou Husserl, mas se interessaria profundamente pelas ideias de Adorno sobre "a personalidade autoritária". Os dois tinham uma atitude bem discrepante diante das seduções da voz passiva ou das construções impessoais; Orwell teria compreendido muito bem o que Adorno queria dizer quando escreveu: "A confusão se autoperpetua: a dominação é propagada pelos dominados", mas teria expressado essa ideia de um modo mais abrupto e ativo, provavelmente apresentando um exemplo real.

Nos anos 1980 e 1990, houve muita discussão inconsequente sobre a dicotomia entre "*langue*" e "*parole*", da obra de Lacan e Saussure, na definição do paradigma estruturalista. *Langue* tenta determinar as coisas de antemão, *parole* dá a chance de interpolar uma ou duas palavras. Reanalisando a discussão, Perry

Anderson salientou que "até os maiores escritores, que com sua genialidade influenciaram culturas inteiras, tipicamente alteraram pouquíssimo a língua". Orwell não é a exceção que Anderson tinha em mente, mas ainda assim trouxe para a língua um caudal de novos termos políticos e alterou o modo como até as pessoas relativamente iletradas tornavam-se conscientes do poder que ela possui.

Adorno foi um talentoso teórico da música, com interesse na obra atonal de seu amigo Alban Berg. Ele usou a analogia da música para escrever sobre o legado de Nietzsche, que não ligava para a opinião pública e "se perguntava se alguém estaria ouvindo quando ele cantava para si mesmo uma 'barcarola secreta'". Quem poderia reclamar, indagou Adorno, "se até o mais livre dos espíritos livres não escrevesse mais para uma posteridade imaginária [...] mas apenas para o deus morto"? Nas condições extremas em que Orwell escreveu *1984* — cujo título original foi, sugestivamente, "O último homem da Europa" —, ele também conheceu esse sentimento de ser o último romano à espera dos bárbaros. Winston Smith saúda seu texto condenado com as palavras:

> Ao futuro ou ao passado, a um tempo em que o pensamento seja livre, em que os homens sejam diferentes uns dos outros, em que não vivam sós — a um tempo em que a verdade exista e em que o que for feito não possa ser desfeito:
>
> Da era da uniformidade, da era da solidão, da era do Grande Irmão, da era do duplipensamento — saudações!

Eis um gesto comparável à imagem concebida por Adorno de Nietzsche "deixando mensagens em garrafas na enchente de barbarismo que irrompia na Europa". Mas Smith, embora não mencione a novafala em sua litania, deixa claro que não é preciso uma nova língua para opor-se ao duplipensamento e à mentira.

É necessário uma fala pura que diga o que pensa e que possa estar sujeita à refutação com base em suas próprias regras. Ela será, o mais das vezes, uma *velha* fala, ligada organicamente às verdades antigas preservadas e transmitidas pela literatura. Em sua versão do desespero e exílio íntimo de Smith, Adorno perdeu a fé até nisso. "Não há poesia depois de Auschwitz", ele disse, e essa frase célebre é, de certa forma, tão profunda quanto absurda. Nenhum dos dois homens acreditaria que, passado apenas cerca de meio século após o pacto de Hitler e Stálin, todas as principais cidades da Europa poderiam gabar-se de ter imprensa livre e universidade livre. Esse resultado deve algo aos dois — talvez mais ao inglês do que ao teórico de Frankfurt.

Mais do que qualquer outra coisa, a escola "continental" repudia a visão empirista do *a priori*: a ideia de que os fatos não teóricos simplesmente *existem* e estão à espera de ser descobertos. É claro que nenhum filósofo inglês defendeu de verdade essa opinião; a obra de Berkeley e Hume é mais voltada para decidir o que é e o que não é factual e os procedimentos para determiná-lo. Talvez um dia venha a causar estranheza que, em nossa época de extraordinárias e revolucionárias inovações nas ciências físicas, do genoma humano ao telescópio Hubble, tantos "radicais" gastem tanto tempo lançando dúvidas casuísticas sobre o conceito da verdade comprovável. Mas no campo da narrativa ficcional há mais margem de manobra, e ainda outra vez Orwell foi a pedra de toque em um célebre teste dessa questão.

O escritor francês Claude Simon, expoente do *nouveau roman*, ganhou o prêmio Nobel de Literatura em 1985 em parte graças a seu romance *As geórgicas*, que tem com Virgílio uma relação das mais vagas, exceto pela invocação da abstrata musa "História", com inicial maiúscula. Acontece que o "George" do título é George Orwell, cujo relato sobre a Guerra Civil Espanhola Simon apontou, em entrevista a *The Review of Contemporary Fiction*, como "falso desde a primeira sentença".

A primeira sentença de *Lutando na Espanha* é: "No Quartel Lênin em Barcelona, um dia antes de entrar para a milícia eu vi um miliciano italiano em pé diante da mesa dos oficiais". A isso Simon reage com uma explosão do que supõe ser um escárnio devastador, dizendo que, se alguém achar,

> depois de ter analisado, que essa sentença é inocente (o que ela diz e, sobretudo, o que cuidadosamente omite), é porque é singularmente ignorante das circunstâncias políticas em Barcelona naquela época em geral, das circunstâncias dos movimentos revolucionários na Europa no mesmo período. A essas pessoas, limito-me a informar que naquele tempo ninguém simplesmente entrava sem mais nem menos na Espanha republicana, e, se realmente existiu em Barcelona alguma coisa chamada "Quartel Lênin" (ou melhor, "Cuartel Lenin"), também havia, não muito longe, um "Cuartel Karl Marx" e outro invocando o nome de Bakunin.

Note-se de passagem que Simon, de hábito favorável a uma atitude inteiramente relativista diante de questões associadas ao "fato histórico", nesse caso exige a exatidão rigorosa e literal. No entanto, deixa em aberto a questão de se "realmente" existiu ou não um lugar chamado Quartel Lênin, enquanto insinua que Orwell passa uma impressão de total indiferença à política faccionária na Catalunha. Acontece que estamos na mesma posição em que Winston Smith se encontra no começo da narrativa de *1984*. Possuímos — e ao contrário de Smith temos liberdade para reproduzir — uma fotografia do Quartel Lênin em Barcelona, que Orwell mostrou tendo à frente uma bandeira do Poum. Será essa uma refutação suficiente?

Provavelmente não, do ponto de vista de Simon. Toda a parte 4 de seu romance é uma obsessiva reelaboração da ação de *Lutando na Espanha*, interpretada mais ao gosto do autor na tentativa de mostrar que o "autor" original não poderia realmente ter visto o que afirma ter testemunhado. Surge uma contradição, segundo o resumo de Simon:

Seja porque ele não dá a devida importância a certos fatos (seu passado: a educação que recebeu no aristocrático colégio de Eton, seus cinco anos na polícia imperial nas Índias, seu súbito pedido de exoneração, a vida ascética que se infligiu depois disso, indo morar em uma área decadente no East End, lavando pratos em restaurantes parisienses, seus primeiros esforços literários, suas opiniões políticas), seja porque, por uma ou outra razão, ele silencia quanto às suas motivações (por exemplo, os passos que dá, assim que retorna da linha de frente pela primeira vez, para ingressar na facção à qual até então ele se opusera assim que percebe que, como ela está prestes a ganhar poder, terá maior probabilidade de dar-lhe, mais do que nenhuma outra, a oportunidade de atingir seus objetivos, mesmo que isso signifique participar, contra seus ex-camaradas, da repressão da qual ele próprio será vítima).

Talvez eu deva acrescentar que essa tradução foi feita por autoproclamados devotos de Simon; portanto, formulações como "maior probabilidade de dar-lhe, mais do que nenhuma outra" não podem ser atribuídas a uma intenção de prejudicar. A pontuação é semelhante nas duas línguas; é por iniciativa própria que Simon frequentemente segue por mais de uma página sem ponto final. Seja como for, está claro que o autor, embora seu propósito declarado seja demonstrar a impossibilidade de apresentar um relato objetivo, tem confiança de sobra na sua capacidade de adivinhar os processos mentais e os motivos de alguém que ele nunca chegou a conhecer.

Com grande frequência, quem embarca em conjeturas desse tipo faz a vulgar suposição de que, quanto mais baixos os motivos, maior a probabilidade de que sejam autênticos. Assim, Simon prossegue, depois de fazer mais empréstimos do original:

> Para transmitir convicção, ele tenta (finge?) ater-se a fatos (só mais tarde tentará escrever um comentário sobre eles), avivando sua narrativa com um colorido local suficiente apenas para impedir que tenha a aridez de um relatório puro e simples, dando-lhe maior credibilidade e poder de persuasão, por meio de várias notas sobre esses detalhes, esses aspectos testemunhados em primeira mão que todo jornalista competente sabe que são as melhores garantias de autenticidade de uma reportagem, especialmente quando inseridos em uma forma de escrita que se apresenta como neutra (ele recorre a frases breves, evita adjetivos com possível carga de valor e de modo geral qualquer coisa que possa parecer dar a aparência de uma interpretação parcial ou tendenciosa dos eventos, em todos os aspectos como se ele não houvesse participado deles intimamente, mas sido uma testemunha isenta preocupada apenas em coligir informações).

Também aqui não sabemos se é para rir ou chorar ("qualquer coisa que possa parecer dar a aparência [...]", a sinistra implicação das frases breves, a colossal desonestidade que é evitar adjetivos carregados de valor). E isso só no que diz respeito ao estilo. O ponto crucial, como espero ter ajudado a esclarecer nas pp. 73-7, é que *Lutando na Espanha* pode *mesmo* ser lido como uma reportagem objetiva, embora seja risível a insinuação de Simon de que a obra alguma vez tenha se apresentado como apartidária. As afirmações feitas são passíveis de aferição e resguardadas com alertas a respeito da subjetividade do autor. Mas acontece que aqueles prisioneiros *foram* falsamente incriminados, que *pode* ser comprovada a disfarçada direção stalinista dos eventos, que o testemunho em primeira mão *tem* valor. E seria tibieza aventar que essas foram apresentadas como verdades pré-teóricas "independentes", à espera de serem descobertas por uma investigação desinteressada. Ao contrário, foram conclusões formadas no decorrer de uma luta prolongada e difícil, e graças justamente a essa luta. Talvez Orwell tenha topado com o quase impossível: a síntese da dialética empirista.

O próprio Simon esteve na Espanha, embora lutasse do lado das forças do Stalintern, e em algum momento deve ter acreditado que a "História" tinha realmente um objetivo e uma direção e estava mesmo do lado "dele". Vacilando depois nessa crença — mas não em seu apego à URSS —, ele optou por uma promiscuidade relativista indiscriminada, em que nada pode ser dado por certo com exceção da má-fé das pessoas de quem ele discorda. A entrega de um prêmio Nobel a uma iniciativa literária duvidosa como essa é um escândalo menor, refletindo a podridão intelectual disseminada pelos pseudointelectuais. A supostamente sublime preferência desses indivíduos pelo arbitrário, pelo contingente e pelo aleatório pouco fez para disfarçar suas suspeitas íntimas de que os fatos estabelecidos não haveriam de lançar sobre suas próprias teorias (melhor dizendo, seus dogmas subjetivos) uma luz muito clemente.

Essa falácia na chamada "teoria crítica" e seus equivalentes literários é possivelmente letal. Adorno detestava o materialismo bruto do jornalismo americano e suspeitava, com acerto, que sua pretensão de apresentar "os fatos com exatidão" era jactanciosa e vazia. Adorno desequilibrou essa crítica comparando o jornalismo americano à "forma e timbre do comando dado sob o fascismo pelos silenciosos aos calados". Entretanto, o que ele chamou de "compreensibilidade para os mais estúpidos" tem vantagens sobre a condescendência. Uma mentira pode ser detectada até pelas pessoas mais simples; será que Adorno (sem falar em Simon) gostaria que não fosse assim? Como salientou o professor Miller, se os teóricos críticos estiverem certos e uma retenção linguística "da estranheza for o único antídoto para a alienação", então o que ocorrerá quando a "nova" língua se tornar comum e inteligível? Não perderá fatalmente sua capacidade de salvaguardar o pensamento "avançado"? A aposta de Orwell, apesar de alguns resvalos no pessimismo, foi que o profano era bastante capaz de entender a língua do templo e, assim, de penetrar nos supostos segredos da autoridade. Ele obviamente usou uma ferramenta "subjetiva" e não quantificável, algo que não pode ser ensinado nem herdado, mas o velho nome para esse fator X é honestidade intelectual.

10. Conclusão

A "objetividade", embora na prática seja tão inatingível quanto a infinidade, é útil do mesmo modo, no mínimo como um ponto fixo de referência teórica. Conhecer nossa própria subjetividade é necessário até mesmo para contemplar o "objetivo"; nosso idioma moderno deturpa ligeiramente a obra de Heisenberg e Godel para transmitir essa percepção. Termos como "neutro", "imparcial", sem falar em "justo", "desinteressado" ou "equitativo" não transmitem todos o mesmo significado; são meramente formas estetizadas da mesma aspiração subjetiva.

As disputas, debates e combates dos quais George Orwell participou estão recuando na história, mas sua conduta como escritor e participante tem, em si, uma chance razoável de permanecer como um exemplo histórico. Meu primeiro contato com a obra de Orwell aconteceu na mesma época em que descobri a poesia de W. H. Auden, e mais tarde lamentei que o desentendimento entre esses dois homens impossibilitasse avaliá-los como aliados ou coautores de clareza moral equivalente. Isso é culpa de

Orwell: sua crítica a Auden é um dos poucos episódios de mesquinhez em sua prosa, e também se relacionou com seu preconceito irrefletido e filistino contra a homossexualidade. Mas esse episódio consternador tem um resultado redentor, como procurarei mostrar.

Em maio de 1937, o pior mês na batalha entre a República Espanhola e a mortífera metástase do regime de Stálin nas instituições espanholas, Auden publicou um longo e belo poema intitulado simplesmente "Espanha". A publicação não deixava de ter uma dimensão propagandística; o poema foi lançado primeiro em um panfleto vendido por um xelim cuja receita destinava-se a uma organização de "assistência médica" beneficente da Frente Popular. Mas na forma e no conteúdo os versos captam a ideia da própria Espanha ("um quadrado árido, fragmento despregado da quente/ África, tão grosseiramente soldado à inventiva Europa"), do lugar que ela ocupava nos corações e mentes das pessoas reflexivas ("Nossos pensamentos têm corpos; as formas ameaçadoras da nossa febre/ São precisas e vivas"), e finalmente da agonia dos intelectuais não violentos que haviam decidido abandonar a neutralidade e, suprimindo as dúvidas, endossaram o uso da força em defesa própria:

> Hoje o aumento deliberado nas chances de morte,
> A aceitação consciente de culpa no assassínio necessário;
> Hoje o dispêndio de forças
> No panfleto efêmero e na reunião maçante.

É difícil imaginar uma descrição melhor: os poetas e escritores fascistas haviam exultado com a violência, a crueldade e a retórica dominadora, celebrado a morte e desmerecido o intelecto, enquanto seus oponentes armavam-se de coragem, relutantes mas com uma determinação crescente. Não foi assim, porém, que Orwell interpretou o poema. Em dois artigos, um deles escrito para *The Adelphi* em 1938 e o outro mais celebrizado sob o título "Dentro da baleia", ele concentrou veneno particularmente na estrofe citada. Ela era, disse com escánio,

> uma espécie de esboço em miniatura de um dia na vida de "um bom homem de partido". De manhã, dois crimes políticos, um breve intervalo para sufocar o remorso "burguês", depois um almoço apressado, uma tarde ocupada, uma noite rabiscando em paredes com giz e distribuindo panfletos. Tudo muito edificante. Mas note a frase "assassínio necessário". Só poderia ser escrita por uma pessoa para quem assassínio nada mais é que uma palavra. Eu não falaria tão levianamente assim de assassínio. [...] Os Hitlers e os Stálins acham o assassínio necessário, mas [...] não se referem a ele como assassínio; é "liquidação", "eliminação" ou alguma outra palavra branda. A marca de amoralismo de Auden só é possível para um tipo de pessoa que está sempre em algum outro lugar quando apertam o gatilho.

O sarcasmo pesado desse trecho é tão gritante quanto a vulgaridade do argumento. Quem poderia achar que há brandura em palavras (não frases) como "liquidação" e "eliminação"? Ao chamar o "assassínio" pelo devido nome, Auden estava precisamente se *recusando* a usar o tipo de eufemismo que Orwell julgava tão desprezível em outras ocasiões. Seu "tipo de amoralismo" consistia em uma sincera tentativa de vencer escrúpulos essencialmente pacifistas e ser franco a respeito das consequências.

Não sabemos ao certo que peso teve para Auden essa descompostura de Orwell, mas em 1939 ele reescreveu "Espanha" eliminando todas as alusões a esses dilemas morais, e nos anos 1950 tomou providências para que esse poema, junto com alguns outros do mesmo período, não fosse reunido em antologias sob seu nome. É uma pena, e por várias razões. Faz pensar em auto de fé e arranca do contexto uma frase impressionante que ainda ressoa na memória literária. A frase é: "A História para os derrotados", e aparece no final do poema, quando Auden diz: "Somos deixados com nosso dia, e o tempo é curto, e/ a História para os derrotados/ Pode dizer coitados mas não pode ajudar ou perdoar". Auden adquiriu especial horror a essa formulação e posteriormente escreveu: "Dizer isso é igualar bondade a sucesso. Já seria péssimo se eu alguma vez houvesse seguido essa doutrina perversa, mas tê-la expressado só porque me soava retoricamente eficaz é indesculpável". Talvez ele estivesse sendo duro demais consigo mesmo. De seus leitores, poucos ou talvez nenhum interpretou os versos como uma impiedosa equiparação hegeliana de história (ou "História") com vitória. Ao contrário, os versos extraem seu poder de um reconhecimento arrependido da necessidade.

Ou talvez Orwell viesse por fim a acreditar nisso. Na conclusão da resenha de um livro do general Wavell no crítico mês de dezembro de 1940, ele escreveu, referindo-se à Primeira Guerra Mundial:

> Os parrudos generais de cavalaria permaneceram lá em cima, mas a classe média baixa e as colônias vieram em socorro. A coisa está acontecendo de novo, e provavelmente em escala muito maior, mas está acontecendo com desesperadora lentidão e
>
> A História para os derrotados
> Pode dizer coitados! Mas não pode alterar ou perdoar.

Ele citou de memória, como tantas vezes, mas parece aprovar o sentimento que poderia acordar as pessoas para o fato de que havia uma guerra que não podia ser perdida. Também dá a impressão de supor que seus leitores conheciam o poema e perceberiam o que ele queria dizer.

Em janeiro de 1946, em um ensaio que deplorava a nova moda dos artificiais *resorts* de férias, ele tornou a citar Auden, dessa vez usando o poema "1 de setembro de 1939":

As luzes nunca devem se apagar.
A música deve tocar sempre,
Para nos impedir de ver onde estamos,
Perdidos num bosque assombrado,
Crianças com medo do escuro
Que nunca foram felizes ou boas.

Mesmo vários anos antes, ao escrever "Dentro da baleia", ele pedira desculpas a Auden por tê-lo descrito como "'um Kipling sem fibra'. Como crítica, foi imerecida, na verdade meramente um comentário maldoso [...]". E ao voltar suas baterias contra "Espanha", ele cuidou de observar primeiro que "esse poema é uma das poucas coisas decentes que foram escritas sobre a Guerra Espanhola".

Possivelmente não seja realista de minha parte ver aqui elementos de reparação e restituição, e talvez haja mais coisas em jogo do que as deficiências de Orwell como crítico de poesia (o que, por sua vez, não é nada em comparação com suas deficiências como poeta). No entanto continua sendo verdade que, em uma época de lealdades faccionais extremas mas cinicamente volúveis, ele conseguiu ser consistente *e* um inimigo inflexível tanto de Hitler como de Stálin quando escreveu comentários tentando ser "objetivo" a respeito de ambos. Sobre Hitler ele escreveu que poderia matá-lo de muito bom grado, mas que não conseguia odiá-lo. O *pathos* abissal daquele homem era muito evidente. No último instante ele alterou as provas de *A revolução dos bichos* para dizer "os animais todos, exceto Napoleão, jogaram-se no chão". No original estava escrito: "os animais todos, *inclusive* Napoleão", mas Orwell ouvira de exilados russos que Stálin permanecera em Moscou durante o ataque alemão, e quis ser justo com ele. Esse é o mesmo Orwell que não atirou em um soldado fascista espanhol quando o homem saiu correndo de uma latrina segurando as calças, o mesmo Orwell que sacrificou a enorme receita extra que adviria da seleção do "Book of the Month Club" em um período de extremas dificuldades financeiras porque se recusou a fazer algumas pequenas alterações sugeridas em seu romance.

Se é verdade que *le style, c'est l'homme* (uma proposição que os admiradores de Claude Simon devem desejar ardentemente que seja falsa), o que temos na pessoa de George Orwell não é, de modo algum, o "santo" mencionado por V. S. Pritchett e Anthony Powell. Na melhor das hipóteses, qualquer um, até mesmo um admirador ateu, poderia dizer que ele mostrou como algumas virtudes supostamente cristãs poderiam ser "vividas" sem devoção ou crença religiosa. Também é possível esperar, adaptando aqui as palavras de Auden sobre a morte de Yeats, que o próprio Tempo seja bondoso com os que vivem da língua e para a língua. Auden acrescentou que o Tempo, "com sua estranha indulgência", perdoaria até "Kipling e suas opiniões". As "opiniões" de Orwell foram profusamente validadas pelo Tempo, por isso ele não precisa buscar o perdão nesse aspecto. Mas três coisas ele ilustra, em seu comprometimento com a língua como parceira da verdade: "opiniões" não contam de fato; o que importa não é o que você pensa, mas *como* pensa; a política é relativamente desimportante, enquanto os princípios, assim como os poucos indivíduos irredutíveis que se mantêm leais a eles, costumam perdurar.

Agradecimentos

Minha gratidão vai primeiro para o reverendo Peter Collingwood, meu velho professor de inglês, que pela primeira vez me estipulou *A revolução dos bichos* como leitura obrigatória e me permitiu depois, fora do currículo, mostrar-lhe meu trabalho como uma comparação com *O zero e o infinito*: o primeiro ensaio passável que escrevi.

Para o saudoso Claud Cockburn, um dos homens mais generosos e cativantes que já conheci, que me apresentou à visão antiorwelliana da Guerra Espanhola e de outras questões quando eu tinha vinte anos, e que com grande paciência me ensinou mais do que provavelmente suspeitava sobre como argumentar dialeticamente. Estas páginas são um abuso deliberado de sua infalível hospitalidade.

Para o saudoso Peter Sedgwick — cujo nome continua a ser um talismã entre os nobres remanescentes da esquerda libertária —, que me ajudou a desenvolver os débeis músculos com os quais combati a escola de Cockburn. E que também me ajudou a reconhecer certo "orwellianismo" como um fio de Ariadne na literatura do nosso tempo.

Para Stephen Schwartz e Ronald Radosh, que me mostraram seu estudo em andamento dos arquivos soviéticos sobre Orwell. Sou infinitamente grato a eles e a seus colegas e coautores Victor Alba e Mary Habeck. *Magna est veritas, et prevaelabit.*

Finalmente, para o feito do professor Peter Davidson na ereção de seu majestoso edifício da obra completa e não expurgada de Orwell, que é mais do que uma organização hercúlea ou um tributo de admirador devotado. É um projeto em que se fundem objetividade e amor, portanto um grandioso monumento a seu tema. Este meu livrinho é um dos primeiros a ser escrito à sua bem-acabada sombra, como deverão ser todas as teses sucessoras e superiores.

Christopher Hitchens
Washington DC, 4 de fevereiro de 2002

ESTA OBRA FOI COMPOSTA POR 2 ESTÚDIO GRÁFICO
EM MINION E IMPRESSA PELA GEOGRÁFICA
EM OFSETE SOBRE PAPEL PÓLEN SOFT DA SUZANO PAPEL E CELULOSE
PARA A EDITORA SCHWARCZ EM JULHO DE 2010